툭하면 떼쓰는 아이
감정 폭발하는 부모

**툭하면 떼쓰는 아이
감정 폭발하는 부모**

2024년 09월 02일 초판 01쇄 인쇄
2024년 09월 10일 초판 01쇄 발행

지은이 아육톡 (유동현·유지희·지은희)

발행인 이규상 편집인 임현숙
편집장 김은영 책임편집 문지연 책임마케팅 원혜윤
콘텐츠사업팀 문지연 강정민 정윤정 원혜윤 이채영
디자인팀 최희민 두형주
채널 및 제작 관리 이순복 회계팀 김하나

펴낸곳 (주)백도씨
출판등록 제2012-000170호(2007년 6월 22일)
주소 03044 서울시 종로구 효자로7길 23, 3층(통의동 7-33)
전화 02 3443 0311(편집) 02 3012 0117(마케팅) 팩스 02 3012 3010
이메일 book@100doci.com(편집·원고 투고) valva@100doci.com(유통·사업 제휴)
포스트 post.naver.com/100doci 블로그 blog.naver.com/100doci 인스타그램 @growingi_book

ISBN 978-89-6833-477-1 13590
ⓒ 유동현·유지희·지은희, 2024, Printed in Korea

물주는하이는 (주)백도씨의 출판 브랜드입니다.
이 책은 저작권법에 따라 보호받는 저작물이므로 무단 전재와 복제를 금지하며,
이 책 내용의 전부 또는 일부를 이용하려면 반드시 저작권자와 (주)백도씨의 서면 동의를 받아야 합니다.

* 잘못된 책은 구입하신 곳에서 바꿔드립니다.

툭하면 떼쓰는 아이 감정 폭발하는 부모

쉽게 기억하고
바로 써먹는
개월별·상황별
실전 훈육 솔루션

아육톡(유동헌·유지희·지은희) 지음

물주는아이

차례

들어가며 안녕하세요. 육아 동지 여러분, 아육톡입니다! •8

 1장 씨앗부터 열매까지 소중한 마음으로
'훈육' 제대로 알면 성공할 수 있어요

1. 훈육 전에 알아야 할 진짜 훈육
1 훈육, 오해하지 말아요! •15
2 훈육 전에 확인해야 할 부모와 자녀의 관계 •18
3 반드시 기억해야 할 훈육의 기본 원칙 •25

2. 성공적인 훈육의 지름길
1 쉽게 기억하고 따라 하는 3단계 훈육 공식 •37
2 잘못된 훈육은 역효과 •41
3 부모가 절대 하면 안 되는 말 •51
4 개월별로 훈육법이 다른 이유 •61
TIP 영유아 시기별 발달 특징 •67

 2장 무럭무럭 자라요
씨앗 단계 | 돌 전후 (0~15개월)

1. 돌 전후 (0~15개월) : 이렇게 발달해요!
1 신체 발달 •71
2 인지 발달 •74
3 사회·정서 발달 •76
4 언어 발달 •79
TIP 0~15개월 아이를 위한 환경 조성 •83

2. 돌 전후 (0~15개월) : 이럴 때는 어떻게 해야 할까?

1. 식사 시간에 장난치는 아이 • 85
2. 다른 사람을 때리거나 머리카락 잡아당기는 아이 • 89
3. 콘센트를 만지는 등 위험한 행동을 하는 아이 • 93
4. 기저귀나 옷을 갈아입힐 때 거부하는 아이 • 96
5. 큰길에서 손을 안 잡고 가려는 아이 • 100
6. 손에 잡히는 대로 어지럽히는 아이 • 103

 나의 세상이 점점 커져요
3장 새싹 단계 | 두 돌 전후 (15~30개월)

1. 두 돌 전후 (15~30개월) : 이렇게 발달해요!

1. 신체 발달 • 109
2. 인지 발달 • 112
3. 사회·정서 발달 • 114
4. 언어 발달 • 117

2. 두 돌 전후 (15~30개월) : 이럴 때는 어떻게 해야 할까?

1. 다른 사람을 때리거나 무는 아이 • 121
- TIP 이런 말과 행동은 더욱 조심해요! • 127
2. 마트에서 드러눕는 아이 • 128
3. 놀이터에서 집에 안 가려는 아이 • 132
4. 식당에서 소리 지르거나 돌아다니는 아이 • 136
5. 놀이하다가 마음대로 안 되면 우는 아이 • 140
6. 해 달라고 해서 해 줬는데 되레 짜증 내는 아이 • 143
7. 카 시트에 앉기를 거부하는 아이 • 148
8. 형제자매와 갈등하는 아이 • 151
9. 감정이 폭발하면 스스로 때리는 아이 • 155
10. 영상을 끌 때마다 떼쓰는 아이 • 159
11. 안 된다고 말했는데도 잘못된 행동을 계속하는 아이 • 163
12. 등원을 거부하는 아이 • 167
13. 손가락을 계속 빠는 아이 • 171

- 14 엄마한테서 떨어지지 않거나, 계속 안아 달라는 아이 • 175
- 15 잠 안 자고 계속 놀겠다는 아이 • 178
- 16 기저귀를 갈거나 씻기를 거부하는 아이 • 181
- 17 배변 훈련이 필요한 아이 • 184
  - TIP 배변 훈련이 어렵다면 아래 사항을 체크해 봐요! • 189

4장 스스로 할 수 있어요
나무 단계 | 세네 돌 전후 (30~48개월)

1. 세네 돌 전후 (30~48개월) : 이렇게 발달해요!
1. 신체 발달 • 193
2. 인지 발달 • 196
3. 사회·정서 발달 • 198
4. 언어 발달 • 201

2. 세네 돌 전후 (30~48개월) : 이럴 때는 어떻게 해야 할까?
1. 다른 사람을 때리는 아이 • 205
2. 마트에서 드러눕는 아이 • 211
3. 놀이터에서 집에 안 가려는 아이 • 215
4. 식당에서 기다리지 못하는 아이 • 219
5. 놀이하다가 마음대로 안 되면 우는 아이 • 223
6. 해 달라고 해서 해 줬는데 되레 짜증 내는 아이 • 226
7. 형제자매와 갈등하는 아이 • 231
8. 영상을 끌 때마다 떼쓰는 아이 • 234
9. 장난감을 나눠 쓰지 않는 아이 • 238
10. 자위하는 아이 • 242
11. 게임에서 지고 화내는 아이 • 245
12. 옷 입는 것으로 고집부리는 아이 • 249
13. 등원을 거부하는 아이 • 252
14. 목욕, 양치질을 싫어하는 아이 • 255
15. 친구의 물건을 빼앗는 아이 • 257

5장 이것저것 궁금한 게 많아요
열매 단계 | 네 돌 이후 (48개월~)

1. 네 돌 이후 (48개월~) : 이렇게 발달해요!
1. 신체 발달 · 263
2. 인지 발달 · 266
3. 사회·정서 발달 · 268
4. 언어 발달 · 271

2. 네 돌 이후 (48개월~) : 이럴 때는 어떻게 해야 할까?
1. 다른 사람을 때리는 아이 · 275
2. 자기 마음대로만 하려는 아이 · 281
3. 친구를 놀리는 아이 · 285
4. 인사를 안 하는 아이 · 289
5. 거짓말하는 아이 · 293
6. 돌아다니면서 밥 먹는 아이 · 296
7. 킹짓 스트레스를 양육자에게 푸는 아이 · 299
8. 훈육 도중에 딴짓하고 장난치는 아이 · 303
9. 말대답하는 아이 · 306
10. 형제자매를 때리거나 놀리는 아이 · 310
11. 미디어 사용 조절이 어려운 아이 · 313
12. 등원 과정이 힘든 아이 · 317

> 들어가며

안녕하세요. 육아 동지 여러분, 아육톡입니다!

이 인사로 수많은 육아 동지님을 만난 지 햇수로 6년이 넘었네요. 지금도 가끔씩 "세 분은 어떻게 만났어요? 무슨 사이예요?"라고 질문하는 분들이 있어요. 저희는 스무 살에 만나 인생의 황금기인 20대, 30대를 거쳐 이제 40대를 맞이한 대학 친구들이에요. 함께 아동학을 전공하고 대학, 대학원을 졸업한 뒤 인지학습치료사, 놀이치료사, 인지심리학자로 각자의 영역에서 성실하게 커리어를 쌓았습니다.

그러다 서로 비슷한 시기에 아이를 낳고 육아를 하면서 이야깃거리가 더욱 풍부해졌어요. "애기가 왜 이렇게 잠을 안 자는 거지?", "안 된다고 여러 번 말했는데 왜 자꾸 친구를 때리는 거야?" 이와 같은 실전 육아에 대한 고민은 그 어떤 육아서보다 친구들과 함께 나누는 것이 최고였습니다. 아이 기질도 척하면 바로 알아듣고, 엄마의 기질이나 부부의 상황 등은 이미 친한 친구들이라 서로 잘 알고 있었지요. 그래서 육아 고민은 친구들과 이야기를 나누면서 푸는 게 가장 편안하고 효과적이었어요.

한창 어린아이를 키울 때는 양육자에게 자유가 별로 없잖아요. 저희도 육퇴 후 영상 한두 개 보는 게 유일한 낙이었어요. 그러던 어느 날 유똥의 "우리도 유튜브 해 볼래?"라는 말로 지금의 아육톡이 시작되었습니다.

유튜브 속 육아 지식과 정보를 찾아보는 부모님들은 '좋은 부모'가 되려는 분들이었어요. 육아에 대한 전문 지식을 알고 싶지만, 검증되지 않은 육아 지식 속에서 혼란스럽고 불안해했지요. 그래서 저희가 알고 있는 지식을 바탕으로 검증된 양질의 육아 지식을 콘텐츠로 만드는 작업을 해 나갔습니다.

"어떻게 하면 우리 아이에게 소리치지 않고 가르칠 수 있을까요?", "어떻게 하면 아이의 마음을 이해할 수 있을까요?" 이런 부모님들의 질문에 답하다 보니 저희도 '어떻게 하면 더 쉽고 유익하게 육아 정보를 전달할 수 있을까' 고민하게 되었어요. 그러던 중 많은 부모님이 실수하는 훈육 장면들을 재연하고 하나하나 자세히 코치하는 영상에 특히 많은 호응이 있었어요.

이때 훈육 장면 속 아이의 이름을 저희 아육톡의 채널명을 따서 '아육이'라고 정하고, 저희 책의 본문에서도 아이의 공식 이름으로 '아육이'를 사용했습니다.

이 책에는 훈육으로 고민하는 부모님들에게 실질적인 도움이 될 수 있도록 '쉽고, 바로 써먹을 수 있는 훈육 전략'을 담았습니다. 아이의 발달 수준에 따라 훈육 방법도 달라져야 하기 때문에 개월별로 챕터를 나누었고, 각 시기별로 부모님들이 많이 겪는 훈육 상황과 그에 대한 훈육법을 설명했습니다. 훈육 방법을 알고 있어도 막상 그 상황이 되면 '어떻게 말해야 하는지' 고민하는 부모님들도 많았어요. 그래서 본문에 '실제 훈육 상황에서 부모는 어떻게 말해야 하는지' 알려 줄 수 있는 직접적인 예를 최대한 많이 넣으려 노력했습니다.

아육톡과 함께한 세월을 지나 저희 아이들은 초등학생이 되었고, 또 곧 초등학생이 됩니다. 영유아기를 잘 보내고 난 뒤 우리 육아 동지분들께 좀 더 여유로운 마음으로, 조금 먼저 아이를 키우는 선배의 마음으로 이 책을 썼어요.

영유아기 아이들은 아직은 세상의 규칙을 이해하고 지켜 나가는 데 미숙함이 있습니다. 그러므로 부모가 훈육 방법을 익혀서 아이에게 옳고 그름을 알려 주고, 아이가 자신의 행동을 잘 조절하도록 도와야 해요. 아이를 훈육하는 데는 많은 시간이 필요합니다. 때로는 수백, 수천 번의 반복이 필요할 때도 있지요. 부모의 인내심과 아이를 향한 믿음이 수반돼야 합니다.

   그렇다고 지레 겁먹고 포기하지 마세요. 영유아기에 올바른 훈육을 경험한 아이는 세상의 규칙을 하나씩 배우고 스스로 자신을 조절할 수 있는 멋진 아이로 자라나게 됩니다. 그 과정에서 부모-자녀 관계는 더 끈끈해질 거예요. 이 책이 훈육 과정에서 고민하는, 아이의 마음을 읽고 행동을 변화시키길 바라는 부모님들께 도움이 되길 바랍니다.

유동현·유지희·지은희

1장

씨앗부터 열매까지 소중한 마음으로

'훈육' 제대로 알면 성공할 수 있어요

1

훈육 전에 알아야 할 진짜 훈육

1
훈육, 오해하지 말아요!

아기가 태어나면 엄마 아빠에게는 '부모'라는 새로운 역할이 생깁니다. 그리고 부모 역할에 맞는 무수히 많은 임무를 수행하기 시작하지요. 훈육은 부모가 해야 하는 임무 중에 대다수가 가장 어려워하는 일일 겁니다.

훈육은 가르칠 훈(訓)과 기를 육(育), 두 한자로 구성된 단어예요. 사전적 의미로는 품성이나 도덕 등을 가르쳐 기른다는 뜻입니다. 즉, 아이에게 사회적으로 옳지 않은 행동에 대한 제한을 가르치고, 적절하고 바람직한 행동을 하도록 끊임없이 훈련시키는 과정을 의미하지요.

가정에서 우리 아이들을 정서적, 사회적, 윤리적, 인지적으로 건강하게 키우려면 건강한 양육(parenting) 환경이 필요합니다. 전반적인 발달을 지원하는 양육에서의 훈육은 옳고 바람직함의 기준을 세우고, 가치관을 만들어 가는 과정에 더 중점을 둔다고 할 수 있어요. 따라서 가정에서 이뤄지는 건강한 양육 과정에 훈육이 포함된다고 볼 수 있습니다.

그런데 이 훈육의 의미를 잘못 이해하는 부모도 많이 있습니다. 먼저 훈육이라고 하면 체벌을 떠올리는 분들이 있지요. 물리적인 폭력을 사용해 아이를 훈육하는 것은 아이의 정서 발달뿐만 아니라 인지, 신체, 사회성 등 전반적인 발달에 부정적인 영향을 줍니다. 세상에는 이보다 훨씬 효과적인 훈육 기법이 있습니다. 또한 때리지 않아도 아이들을 충분히 훈육할 수 있어요.

훈육 하면 체벌뿐만 아니라 무섭고, 가혹하고, 엄격한 상황을 떠올리기도 합니다. 효과적인 훈육을 하려면 아이를 대하는 부모의 훈육 태도가 단호하고 일관적이어야 하는데요. 아이에게 '따뜻하면서도 단호한' 부모의 태도가 성공적인 훈육을 이끄는 데 매우 중요한 요소입니다. 따라서 훈육을 할 때는 공포 분위기를 조성하는 것이 아니라, 아이에 대한 긍정적인 태도와 이해를 바탕으로 아이를 올바른 방향으로 이끌어야 해요.

훈육을 부정적인 것으로 오해해서 아이들에게 제대로 된 훈육을 하지 않는 부모도 있습니다. 이런 분들은 올바른 훈육하기를 피하고, 아이가 원하는 것을 대부분 허용하는 편이지요. 이렇게 아이가 제대로 된 훈육을 받지 않고 자라면 어떻게 될까요? 그 아이는 자기 행동의 한계나 적정선을 배울 기회를 놓치게 되고, 오히려 더 많은 불안과 혼란을 겪을 수 있습니다.

따라서 부모는 올바른 훈육을 통해 아이가 어릴 때부터 옳고 그른 행동에 대해 적절하게 배우고, 스스로 조절하는 능력을 키울 수 있도록 훈련시켜야 합니다.

2
훈육 전에 확인해야 할 부모와 자녀의 관계

대부분 훈육에 관심 있는 부모라면 훈육을 언제, 어떻게 해야 하는지 여러 자료를 통해 찾아보고, 그것을 아이에게 적용해 봅니다. 이 중 몇몇 분들은 훈육이 제대로 이루어지지 않아 다시 원점으로 돌아가지요. 훈육을 하다가 오히려 아이에게 화를 내며 폭발해 버리는 경우도 있습니다. 저희에게 "훈육이 너무 어렵다.", "잘 안된다."며 고민을 털어놓는 부모님들도 많이 만났습니다.

다시 한번 강조하지만, 훈육은 아이를 질책하고 혼내는 것이 아니에요. 아이의 긴 발달 과정 동안 아이에게 올바른 방향을 제시하고, 가르치고, 지도하는 것입니다. 이 과정에서 부모의 훈육이 아이에게 효과적으로 잘 전달되려면 먼저 아이가 부모를 신뢰해야 합니다.

여러분의 상황에 대입하여 생각해 볼까요? 어른들도 평소에 내가 좋아하고 따르는 사람이 나에게 충고를 하면 잘 받아들이는 경우가 많습니다. 하지만 이와 반대로 정서적인 친밀감이 없고 신의가 두텁지 않은 사람이 하는 얘기는 잘 귀담아듣지 않지요. 심지어 여러분에게 화를 내면서 또는 신경질적으로 말한다면, 상대방에게 반감만 들 거예요.

이 상황은 부모와 아이의 관계에서도 마찬가지입니다. 부모의 양육 태도는 아이의 훈육에 큰 영향을 미치지요. 미국의 아동심리학자 다이애나 바움린드는 부모의 양육 태도를 다음과 같이 네 가지 유형으로 나누어 설명했어요. 각 유형을 하나하나 살펴보면 부모와 아이의 긍정적인 관계가 얼마나 중요한지 알 수 있습니다.

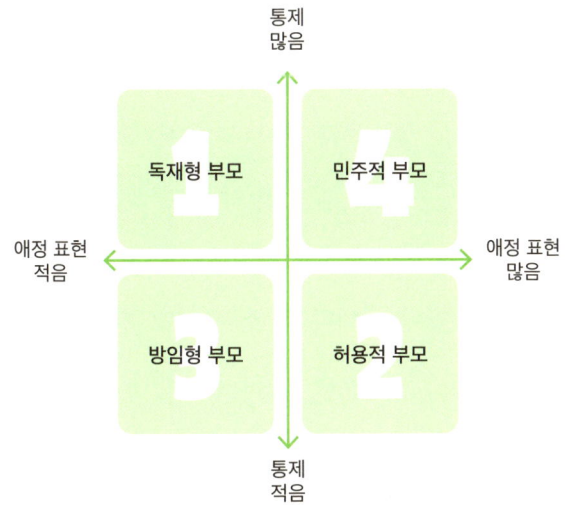

먼저 1번 칸에 해당하는 부모의 양육 태도는 어떨까요? 독재형 부모는 애정 표현은 적지만 통제는 많습니다. 흔히 '아이가 잘못하면 매섭게 혼내야 한다.'고 생각하지요. 더 나아가 회초리를 들거나 체벌을 해서라도 아이의 잘못된 행동을 고쳐야 한다고 생각합니다. 때문에 독재형 부모 밑에서 자라는 아이는 엄마 아빠를 무서워해요. 그 결과 아이들은 다소 위축되고 눈치를 보면서 자랍니다. 어떤 행동에 있어 옳고 그름의 기준을 내면화하고 자발적으로 행동을 조절하기보다는 권위자의 명령에 따라 수동적으로 움직이지요.

기질적으로 자기주장이 강한 아이가 독재형 부모를 만나면 부모의 강압적인 태도에 반감을 키우고, 공격적인 태도를 모델링 해서 권위에 무조건적으로 반항하는 아이로 자라기도 합니다. 눈치 보는 아이와 반항하는 아이, 어느 쪽이든 우리가 목표하는 방향은 아니지요.

예를 들어 볼까요? 아이들은 대부분 마트에 가는 것을 참 좋아합니다. 마트는 맛있는 것도 많고 만져 보고 싶은 것도 많은, 아이들의 눈을 사로잡는 자극들의 집합체이지요. 아이가 구경을 하다 귀여운 토끼 인형 앞에 섭니다. 평소 무섭고 지시적인 엄마 아빠 밑에서 자란 아이가 용기를 내서 "이거 예쁜데…… 갖고 싶어. 나도 사 줘." 합니다. 이때 독재형 부모는 "스읍! 무슨 인형이야! 안 돼!" 합니다. 만약 여기서 아이가 더 강하게 떼를 쓴다면 부모는 더 세게 나가지요. "너 계속 그러면 집에 갈 거야. 집에 가서 아주 혼날 줄 알아. 다시는 마트 안 올 거야." 하며 윽박지르고 손을 강하게 잡아끌며 집으로 가 버리기도 합니다. 만약 평소 부모의 양육 태도에 심하게 주눅 들어 있는 아이라면 마트에 가서 아예 사 달라는 말조차 안 할 수도 있겠지요.

2번 칸의 유형은 허용적 부모입니다. 독재형 부모와는 정반대의 양육 태도를 지녔어요. 허용적 부모는 애정 표현은 많지만, 아이의 문제 행동에 대해서는 통제하지 않습니다. 흔히 '우쭈쭈' 하는 양육 태도지요.

지금의 부모 세대(70~80년대생)는 어린 시절 독재형 부모 밑에서 자란 경우가 많아요. 당시는 우리나라가 급진적인 경제 발전을 이룬 시기로, 근면 성실하게 일하고 경제적 풍요를 이루는 것을 가장 큰 가치로 여겼지요. 그 때문에 부모는 아이의 감정을 들여다보고 친절하게 설명하는 방식보다는 강압적으로 지도해서 당장 부모의 말을 듣게 하는 것이 효율적인 양육이라고 생각했어요. 그러다 보니 지금의 부모 세대는 자신이 겪었던 양육 방식이 아닌, 아이들의 감정을 읽어 주고, 기다려 주고, 자유를 주는 방식의 양육 태도에 매력을 느끼는 경우가 많습니다. 이런 생각이 지나친 방식으로 나타난 형태가 바로 허용적인 양육이에요.

허용적 부모와 아이가 마트에 가면 어떤 모습일까요? 아이는 고민 없이 "나 이거 사 줘." 하고 당당하게 말합니다. 부모는 선뜻 원하는 장난감을 사 주지요. 그런데 여기서 문제가 발생합니다. 아이가 장난감 하나를 사 주면 만족해야 할 텐데, 몇 발짝 걷더니 "저것도 사 줘. 저것도 집에 없단 말이야." 하면서 점점 사 달라는 게 많아지면? 혹은 가정의 경제에 맞지 않는 비싼 장난감이라면? 아무리 허용적인 부모여도 한계가 옵니다. 그러면 아이에게 "아육아, 이번에는 그냥 가자. 며칠 전에도 장난감 사 줬잖아, 응? 제발 엄마 말 좀 들어줘." 하고 애원하거나, 뒤늦게 화를 버럭 내기도 하지요. 하지만 아이는 더 세게 자기 고집을 부리면서 조금도 물러서지 않습니다. 울고 떼를 쓰더라도 꼭 원하는 것은 갖고야 말지요.

이처럼 허용적인 부모에게 양육된 아이들은 타협보다는 아이 본인이 원하는 것(아주 사소한 것일지라도)을 당장 얻어야 직성이 풀립니다. 상황이 이러하니 허용적인 양육 방식으로 키워진 아이들은 어린이집, 유치원, 학원 등 기관에서의 적응이 어려운 부분이 있어요. 기관은 여러 명의 아이가 함께 생활하니 규율과 규칙이 있지요. 그런데 평소에 가정에서 지금 당장 나의 욕구를 참고 조절하는 연습이 안 되어 있는 아이라면 기관에서도 비슷한 모습을 보이게 됩니다.

3번 유형의 양육자는 방임형입니다. '방임'이라는 단어에서 알 수 있듯이 아이에게 온정과 애정이 부족하고, 통제도 거의 없지요. 네 가지 유형 중 최악의 부모 유형이라 말할 수 있습니다.

방임형 부모는 부모 자신의 삶이 고단한 경우가 많아요. 우울증을 앓고 있거나 부부간에 다툼이 심하여 자신의 삶을 살아 내기 버거운 경우 아이를 제대로 돌보지 못하는 것이지요. 방임의 정도가 매우 심한 '극심한 방임형'은 아동 학대에 해당하기도 합니다. 아이에게는 너무 슬픈 상황이지요.

방임형 부모는 아이에게 대체로 무관심하기 때문에 아이의 손을 잡고 함께 마트에 갈 일도 없을 거예요. 아이들은 파릇파릇 새싹 같은 존재입니다. 햇볕을 쬐고 물도 충분히 주어야 잘 자랄 수 있지요. 아이들은 부모를 비롯한 어른들의 따뜻한 보호와 보살핌 속에서 자라야 해요. 그러지 않으면 아이는 뿌리를 든든히 내리지 못하고 자신의 존재 가치를 항상 의심하면서 지낼 거예요.

4번 양육자는 온정과 애정도 충분하고, 통제도 많습니다. 이 유형의 부모를 '권위 있는 부모', '민주적인 부모'라고도 하는데요. 바로 애정과 훈육, 자유와 통제를 균형 있게 맞추며 아이가 잘 발달할 수 있도록 부모가 권위를 갖고 지도하는 유형입니다. 가장 이상적인 부모상이지요.

마트 상황을 다시 떠올려 봅시다. 아이가 "나 저 장난감 사 줘. 내 친구 ○○도 저거 있단 말이야." 했을 때 권위 있는 부모는 아이의 욕구나 감정을 무시하지 않아요. "이 장난감이 마음에 들었구나." 또는 "친구 거 보고 너도 갖고 싶었구나." 하고 말한 뒤, 적절한 통제 기준을 제시합니다. "그런데 오늘은 장난감 사는 날이 아니야.", "갖고 싶다고 다 살 수는 없어.", "대신에 저쪽에 아윤이가 좋아하는 금붕어 있더라. 한번 가 보자!", "오늘은 네가 원하는 과자 두 개 사 줄 수 있어 고르러 가 보자." 등을 말하며 아이 눈높이에서 욕구를 조절하고 선택할 수 있는 대안도 제시해요.

아이가 부모의 이런 제한에 수긍을 하면 다행이지만, 그렇지 않고 마트에서 울고 떼쓰며 부모의 지도를 강하게 거부할 수도 있어요. 이럴 때는 부모 역시 단호하게 아이를 번쩍 안아서 마트 밖으로 나가야 해요. 이 과정에서 부모는 소리를 지르거나 매서운 표정을 짓지 않고도 낮고 단호한 목소리, 차분한 표정만으로도 아이에게 영향력을 미칠 수 있어요. 아이들은 이런 합리적인 과정을 통해 자신의 정서와 행동을 조절하는 법을 배웁니다.

3
반드시 기억해야 할
훈육의 기본 원칙

일관성

일관성은 훈육뿐 아니라 전반적인 양육 태도에서 굉장히 중요한 개념이에요. 자녀를 양육할 때 부모가 정한 행동의 기준이 있다면, 상황이 변하더라도 그 기준은 일관직으로 적용해야 하지요.

　예를 들어 식당에서는 영상을 보지 않는다는 규칙을 세우고 실행하는 가정이 있습니다. 그런데 어느 날 엄마 아빠가 너무 피곤해서 식당에서 장난치는 아이에게 "이번만이야." 하면서 영상을 보여 주면 어떻게 될까요? 아이는 아마 다음번에도 영상을 보여 달라고 조를 거예요. 시시때때로 변하는 비일관적인 훈육을 할 때, 아이는 어떤 것이 올바른 규칙인지 제대로 배울 수 없어요. 또 갑작스러운 통제에 분노하거나 혼란스러울 수 있지요.

부모의 감정 상태에 따라 달라지지 않고 일관적으로 훈육의 기준을 제시하는 것이 부모 개인의 훈육 일관성이라고 한다면, 양육자들 간의 훈육 일관성도 살펴봐야 해요. 부부 사이의 육아 가치관이 다르면 훈육의 일관성을 지키기 어렵거든요.

예를 들어 아이가 놀이터에서 친구를 때렸다고 칩시다. 부모 중 한 명은 '애들이 싸우면서 클 수도 있지 뭐.'라고 생각하고, 다른 한 명은 '아이 또래 관계에 문제가 생길 수 있으니 꼭 훈육해야 해.'라고 한다면 아이에 대한 훈육이 서로 달라질 수 있어요. 이렇게 부모가 서로 다른 훈육 기준을 가지고 아이를 대한다면 적절한 훈육이 이루어지기 어렵습니다. 따라서 부모는 평소 서로의 양육 가치관에 대해 이야기를 나누고 조율하는 시간을 가지는 것이 '우리 집 훈육 기준'을 만드는 데 도움이 돼요.

물론 아이를 키우다 보면 일관성을 지킨다는 게 쉬운 일은 아니에요. 때로는 예외 상황이 생길 때도 있어요. 예를 들어 평소에 아이가 스스로 밥을 먹는 것이 규칙이었다 해도, 아이가 많이 아프면 부모가 먹여 줄 수 있겠지요. 이 상황은 일관성을 지키지 못한 것이 아니라 '융통성'을 발휘한 거라고 생각할 수 있어요.

다만, 훈육의 기본 원칙에서 말하는 일관성이란 부모가 정한 행동의 기준이 그때그때 변하는 것이 아니라 부모 나름의 기준을 갖고 아이에게 제시하는 거예요. 훈육에서 이런 행동의 기준을 갖기 위해서는 평소에 양육자들끼리 자녀 양육의 방향성에 대해 대화를 나누고, 육아 가치관을 세워 둬야 해요.

민감성

양육에서의 민감성(sensitivity)은 애착 이론에 기반한 개념으로, 부모가 아이의 감정, 생각, 요구, 반응 등의 신호를 정확하게 깨닫고, 이해하며, 적절하게 반응하는 능력을 의미해요. 부모의 민감성은 아이의 인지, 정서, 사회성, 언어 발달뿐만 아니라 자아 존중감에도 영향을 줍니다. 영유아기에 안정적인 애착 관계를 맺으려면 부모가 아이의 신호에 민감하게 반응해야 해요.

갓난아이는 배가 고플 때 입을 오물거리거나 찡찡거리면서 배고프다는 신호를 보낼 수 있는데요. 이때 민감성이 높은 부모는 아이가 이전에 우유를 먹은 시간과 아이의 반응을 확인하면서 "우리 아이가 배가 고픈가 보구나!" 하고 우유를 바로 준비할 거예요. 반대로 민감성이 떨어지는 부모는 아이가 큰 소리로 강하게 울고 나서야 뒤늦게 "아~ 배가 고팠구나!" 하면서 분유를 타거나 모유 수유를 하려고 부랴부랴 준비하는 경우가 많아요.

아이가 졸린 신호를 보낼 때도 반응이 다를 수 있어요. 민감성이 높은 부모는 아이가 눈을 껌뻑껌뻑하고 손으로 눈을 비비고 칭얼댈 때 아이가 졸리다는 걸 빨리 판단하고 재워요. 하지만 민감성이 낮은 부모는 아이의 졸린 신호를 눈치채지 못하다가 아이가 큰 울음으로 짜증을 내고 한바탕 난리가 난 뒤에야 반응을 하지요.

부모의 민감성은 영아기뿐만 아니라 유아기에도 아이들과의 상호 작용에 큰 영향을 줘요. 예를 들어, 가족 모임이 있어서 오랜만에 만나는 친척들이 많이 모인 상황을 상상해 봐요. 낯선 환경에 적응하는 데 시간이 오래 걸리는 아이라면 그 상황이 어색하고 부끄러울 거예요. 민감성이 높은 부모라면 아이의 이런 마음과 상황을 빠르게 깨닫고 "우리 아율이가 오랜만에 친척들을 만나서 부끄러운가 보다. 친척분들께 인사하고 엄마 옆에 앉아서 익숙해질 때까지 기다려."라고 이야기할 수 있지요. 아이가 아직 어리고 자기표현을 하는 데 어려움이 있다면, 어르신들께 "아이가 부끄러워서 그래요. 조금 기다려 주시면 이야기할 수 있을 거예요." 하면서 이야기를 대신할 수도 있어요.

더 나아가서 아이가 낯선 환경에 어색해한다는 것을 알고 있으니, 이런 모임에 가기 전에 먼저 아이에게 "오늘 친척들이 많이 모이는 자리에 가면 우리 아율이가 어색하고 부끄러워할 것 같아. 너의 부끄러운 마음은 알지만 어른들은 인사를 안 하면 아율이를 예의 없다고 오해할 수 있어. 그러니 소리 내어 인사하기 어려우면, 허리를 숙여서 인사해 보자." 하면서 미리 연습하는 것도 좋아요. 이런 경험이 쌓이면 아이에게 "제가 조금 부끄러워서 그래요. 시간이 조금 필요해요."라고 스스로 표현하도록 연습시킬 수도 있을 거예요.

하지만 아이의 이런 성향과 기질, 상황에 대한 민감성이 떨어지는 부모는 어떤 반응을 보일까요? "얘가 왜 이래? 얼른 인사해!" 하면서 아이의 반응을 비난하거나 혼낼 수도 있고, "너 이러면 다시는 같이 안 온다? 저리 가!" 하면서 겁을 주거나 협박하는 반응까지도 보일 수 있겠지요. 그러면 아이는 부모가 자신의 속마음이나 상태에 대해 전혀 배려한다고 느낄 수 없고, 점점 더 속마음을 숨기고 표현하지 않는 악순환에 빠질 수 있어요.

아이에게 민감하게 반응하려면 우선 아이에게 주의를 많이 기울여야 해요. 아무런 정보 없이 아이의 눈빛만으로 아이의 마음을 읽을 수 있는 부모는 없어요. 객관적인 전후 상황을 파악해야 아이의 신호를 민감하게 알 수 있습니다.

예를 들어 아이 혼자 블록을 가지고 놀고 있고, 부모는 스마트폰을 보거나 다른 일을 하고 있다고 칩시다. 그러다 아이가 갑자기 울고 화내면서 블록을 던진다면 부모는 아이가 왜 그런 행동을 했는지 알 수 없어요. 알고 보면 아이는 파란색 작은 블록을 초록색 넓은 블록 위에 끼우고 싶어서 계속 시도했는데, 그게 잘 안 끼워져서 짜증을 냈던 것인데 말이지요. 이 상황을 부모가 옆에서 지켜보고 있지 않았거나 아이의 의도를 파악하지 못했다면 어떤 일이 벌어질까요? 부모는 아이에게 "왜 갑자기 블록을 던져! 그러면 안 돼!"라며 표면적인 행동에만 반응할 겁니다.

어린아이들은 본인의 마음과 생각을 인지하고, 상황을 객관적으로 파악하여 표현하는 능력이 부족해요. 그러므로 부모가 잘 지켜보고, 아이들의 신호에 민감하게 반응해야 하지요.

물론 부모가 하루 종일 붙어서 아이만 지켜보고 있는 건 불가능합니다. 하지만 스스로 자신의 감정과 생각을 표현하기 어려운 어린아이를 키울 때만큼은 더 많은 시간과 노력을 기울여야 해요. 부모가 아이의 신호에 어릴 적부터 민감하게 반응한다면 아이도 엄마 아빠를 신뢰하고 자신이 느끼는 생각과 감정을 더 많이 표현할 수 있어요. 부정적인 감정뿐만 아니라 즐겁고 기쁜 긍정적인 감정도 자유롭게 표현하고 소통하게 됩니다.

여기서 주의할 점은 민감한 것과 '예민'한 것은 다르다는 점이에요. 앞서 이야기한 민감성이 높은 부모는 아이의 신호를 정확하게 인식하고 반응합니다. 반면 예민한 부모는 부모 자신의 감각 처리를 기준으로 동일한 신호를 더 크게 지각하고 반응하는 것을 뜻해요. 예민한 부모는 아이의 행동을 더 크게 받아들여서 오히려 더 부정적으로 반응하거나 통제할 수 있거든요. 이러한 예민한 반응은 아이의 불안과 스트레스 지수를 높이고 발달에 부정적인 영향을 미친다는 점, 꼭 기억하세요.

감정 읽기

감정 읽기는 아이가 느끼는 감정과 생각을 부모가 말로 표현해 주는 것을 말합니다. 다른 말로 감정 반영하기, 감정 코치, 마음 읽기라고도 해요. 감정 읽기가 중요한 이유는 무엇일까요? 아이의 감정을 부모가 말로 표현해 주면, 아이는 자신의 감정이 어떤 것인지 인식하고 이해할 수 있어요. 더 나아가 올바른 방법으로 감정을 표현하는 방법을 익힐 수 있지요.

예를 들어, 아이가 블록 놀이를 하다가 잘되지 않자 화가 나서 블록을 던졌어요. 그럴 때 무조건 "던지면 안 돼!" 하는 것이 아니라 "블록이 잘 안 끼워져서 화가 났구나."라고 감정 읽기를 한 뒤, 물건을 던지는 것이 올바른 방법이 아님을 알려 줄 수 있어요. 그러면 아이는 이후 비슷한 상황이 생겼을 때 장난감을 던지는 대신 "이게 잘 안돼서 화가 나!" 하고 말로 표현힐 수 있습니다.

이렇게 자신의 감정을 인식하고 표현하는 능력은 정서 조절 능력, 궁극적으로는 정서 지능과도 관련이 있어요. 아이가 자신의 감정을 잘 인식하고 표현하려면 양육자가 아이의 감정을 충분히 읽어 주고 반영하는 시간이 필요합니다.

여기서 한 가지 알아 두셔야 할 점은 아이의 마음을 읽어 주는 것과 아이의 행동을 제한하는 것은 구분해야 한다는 점이에요. 때로는 이 두 가지를 혼동할 수 있습니다. 예를 들어, 아이가 마트에서 장난감을 사고 싶다고 마구 졸라요. 그런데 매번 사 줄 수는 없으니 부모는 안 된다고 얘기하지요. 그럴 때 아이의 욕구나 감정을 읽어 준다면 "장난감이 갖고 싶었구나. 장난감 구경하는 게 재미있구나."가 되는데요. 그런 다음 "하지만 지금 장난감을 사 줄 수는 없어.", "오늘은 장난감 사는 날이 아니야." 하고 아이의 행동을 제한합니다. 이렇게 행동을 제한하는 것과 아이의 감정이나 욕구를 인정하는 것은 별개지요.

감정 읽기를 잘하려면 어떻게 해야 할까요? 먼저 부모는 아이를 세심하게 관찰해야 해요. 앞서 설명한 부모의 민감성이 필요한 순간이지요. 아이가 하는 말의 내용뿐 아니라 목소리, 표정, 몸짓 같은 비언어적인 단서, 그리고 아이가 표현하는 감정 이전과 이후에 어떤 일이 있었는지 그 상황의 맥락을 살펴야 합니다.

두 번째는 부모 자신의 감정을 먼저 들여다보는 것이 도움이 됩니다. 상담실에서 "아이가 어떤 기분인지 제가 잘 파악을 못해서 감정 읽기가 어려워요."라고 말씀하시는 부모님들이 종종 있어요. 그런 분들은 대부분 자신의 기분을 잘 알아차리지 못하는 경우가 많습니다. 다른 사람이 어떤 감정인지 알려면 내 감정이 어떤 감정인지부터 잘 알아야 해요. 마찬가지로 아이의 감정을 읽어 주려면 부모가 자신의 감정에 대해 잘 알고 있어야 해요.

다음 감정 단어 목록을 참고해서 '오늘 나는 어떤 상황에서 어떤 기분을 느꼈지?' 스스로에게 물어보고, 기록하는 연습을 해 보세요. 나의 감정이 무엇인지 잘 알고 있어야 아이의 감정도 잘 파악할 수 있습니다.

기쁜	슬픈	신나는	실망스러운	반가운
고마운	깜짝 놀란	즐거운	짜증 나는	귀찮은
부끄러운	행복한	외로운	화난	걱정스러운
미운	자랑스러운	당황스러운	섭섭한	긴장되는
다행스러운	미안한	재미있는	뿌듯한	조급한
신경질 나는	속상한	기대되는	억울한	답답한
무서운	편안한	힘든	통쾌한	원망스러운

그럼 실제로 감정 읽기를 연습해 볼까요? 다음 상황에서 아이의 감정을 적절히 읽어 준 양육자의 반응은 무엇인지 골라 보세요.

상황1.
아이가 혼자 퍼즐을 다 맞춰서 "엄마 이거 봐 봐!" 하고 말할 때

① "어머나~ 우리 아윤이 잘했네!"
② "아윤이가 퍼즐을 스스로 다 맞춘 것이 뿌듯하구나!"

혼자 퍼즐을 다 맞춘 아이에게 칭찬해 주는 게 잘못된 반응은 아니에요. 그렇지만 칭찬과 동시에 "이거 봐 봐~!"하고 자신이 맞춘 퍼즐을 엄마한테 보여 주며 상기되었을 아이의 얼굴을 보고 '뿌듯함'이라는 감정을 찾아서 말로 표현해 준다면 훨씬 더 좋겠지요. 아이는 '내가 스스로 뭔가 해냈을 때 느끼는 이 좋은 기분이 바로 뿌듯함이구나.' 하고 알게 될 거예요.

상황2.
길을 가다가 마주친 개를 보고 아이가 뒷걸음질할 때

① "괜찮아. 저 개 주인이 목줄을 꽉 잡고 있잖아. 너한테 안 올 거야."
② "엄마가 같이 있잖아. 괜찮아, 괜찮아. 안 무서워."
③ "강아지가 큰 소리로 짖어서 깜짝 놀랐구나."

이럴 때는 보통 "아이~ 괜찮아. 엄마 있잖아."라고 반응하는 부모가 많습니다. 아이를 안심시키려는 반응이지요. 그런데 여기서 '괜찮다'는 것은 양육자의 입장이에요. 아이 입장에서는 괜찮지 않은데 "안 무서워. 괜찮아." 하는 것은 아이의 감정을 어른이 그대로 인정해 주지 않고 축소하는 겁니다.

이때 적절한 감정 읽기 반응은 ③번처럼 "강아지가 큰 소리로 짖어서 깜짝 놀랐구나.", "갑자기 강아지가 짖어서 무서웠구나."처럼 아이의 감정을 말해 주는 거예요.

상황3.
아이가 먹던 아이스크림을 떨어뜨려서 엉엉 울 때

① "괜찮아. 하나 더 사 줄게."
② "그러니까 엄마가 잘 잡고 먹으라고 그랬잖아. 그럴 줄 알았어."
③ "저런, 맛있게 먹고 있었는데 바닥에 떨어져서 속상하구나."

①번은 감정에 대한 표현 없이 문제를 해결하려는 이야기만 있고, ②번은 상황의 잘못을 따지고 아이를 비난하는 반응이지요. 이 상황에 대한 적절한 감정 읽기는 ③번처럼 아이스크림을 못 먹게 돼서 속상한 아이의 감정을 그대로 읽어 주는 것입니다.

감정 읽기, 어떻게 해야 하는지 이제 감이 잡히나요? 훈육의 기본 원칙에서 감정 읽기를 이야기하는 이유는, 훈육의 시작은 아이의 잘못된 행동을 무조건 제한하는 것이 아니라 아이가 왜 그런 행동을 했는지 이해하는 것에서 출발해야 하기 때문이에요. 훈육 상황에서 아이가 어떤 감정인지, 무엇을 원하는지 부모가 잘 알고 그것을 아이에게 전달한다면 훈육 과정에서 아이의 저항이 훨씬 줄어들 수 있답니다.

2

성공적인 훈육의 지름길

쉽게 기억하고 따라 하는 3단계 훈육 공식

훈육에도 기본 공식이 있습니다. 다른 말로 제한 설정의 3단계라고도 하는데요. 미국의 놀이치료학자인 개리 랜드리스가 처음 고안한 아동의 행동에 제한을 설정하는 3단계를 뜻해요. 아래 기본 공식이 훈육힐 때 어떻게 적용되는시 차근차근 살펴봅시다.

훈육의 기본 공식

1단계	인정하기 Acknowledge the Feeling
2단계	제한 전달하기 Communicate the Limit
3단계	대안 제시하기 Target an Alternative

1단계 인정하기는 아이의 욕구와 감정을 알아차려 주는 것입니다. 예를 들면, 아이가 집 안의 벽지에 크레파스로 그림을 그렸어요. 이럴 때 훈육 기본 공식의 1단계를 적용해서 "벽에 그림 그리고 싶었구나.", "벽에 그림 그리는 게 재미있구나." 하고 이야기해 줍니다.

이 첫 번째 단계를 놓치는 분들이 많아요. '안 되는 건 안 된다고 확실하게 얘기해야지!'라는 마음이 더 크기 때문이지요. 하지만 앞에서도 말했듯이, 아이의 마음을 알아주는 것과 행동을 받아 주는 것은 다른 문제입니다. 또 아이의 마음을 알아주지 않은 채 안 된다는 메시지만 전달하면 아이가 저항할 수 있어요. 아이의 욕구와 감정을 인정해 줄 때 아이도 제한의 메시지를 훨씬 더 부드럽게 받아들일 수 있어요.

2단계는 제한을 전달하는 것입니다. 집 안 곳곳에 크레파스를 그리는 아이의 행동을 허용할 수는 없겠지요? 아이에게 "근데 벽에는 그림 그릴 수 없어.", "벽에 그림 그리면 안 되는 거야." 하고 간결하고 단호하게 말하는 거예요.

제한 내용을 '간결하게' 전달해야 하는 이유는 무엇일까요? 아이들은 주의력이 짧습니다. 따라서 아이들에게 구구절절 긴 메시지로 설명하면 아이들은 금방 주의가 분산되어 메시지의 전달 효과가 떨어져요. '벽에 크레파스로 그림을 그리면 저걸 어떻게 지우나.' 하며 양육자의 머릿속이 복잡해져서 말도 길어질 수 있다는 것은 충분히 이해합니다. 하지만 제한의 메시지는 한두 마디로 간단해야 한다는 것! 기억하세요.

제한 내용을 '단호하게' 해야 하는 이유는 무엇일까요? 단호하다는 것이 소리 지르거나 지나치게 엄하게 말하라는 뜻이 아니에요. 제한은 분명해야 하지만 무서울 필요는 없지요. "우리 아가 벽에 낙서하면 돼요, 안 돼요?" 하고 물렁하게 말하라는 것도 아닙니다. 양육자가 최대한 평정심을 유지하며 아이에게 메시지를 분명히 전달하는 태도가 필요해요.

3단계는 대안을 제시하는 것입니다. 그 상황에서 아이가 할 수 있는 다른 대인 행동을 이야기하는 거예요. 벽에 그림을 그리는 아이의 경우에는 스케치북이나 공책을 주며 "여기 있는 종이에 그릴 수 있어." 한다거나 벽에 전지를 붙이고 "이 전지 위에는 그림을 그릴 수 있어." 하고 말해 주는 것이지요. 아이에게 훈육을 할 때는 대안을 제시하는 단계가 꼭 필요해요. 그래야 아이가 다음에 또 비슷한 상황이 생겼을 때 어떻게 해야 하는지를 배울 수 있으니까요.

그러나 어린아이들은 양육자가 제시하는 대안을 흔쾌히 받아들이기가 쉽지 않아요. 그만큼 조절 능력이 많이 발달하지 않았기 때문이지요. 따라서 대안을 제시했는데도 아이가 계속 떼를 쓴다면, 영유아기 아이들에게는 주의를 분산하는 게 효과적입니다. 스케치북이나 다른 종이에 그리는 것으로 아이가 타협이 되지 않고 자꾸 벽에 그림을 그리려고 하면, 아이의 관심을 다른 데로 돌리는 것이지요.

예를 들어 양육자가 "우리 저기 가서 아윤이가 좋아하는 자동차 놀이 할까?" 하는 거예요. 이때 아이들에게 말로만 주의를 돌리는 것은 쉽지 않기 때문에 실제로 아이를 안고 자동차 장난감이 있는 곳으로 데려가거나, "와! 이 장난감 정말 재미있어 보이는데?" 하고 다른 장난감을 보여 주면서 주의를 분산합니다.

여기까지가 훈육의 기본 공식입니다. 이런 훈육 공식에 따라 아이를 훈육하더라도 매번 아름답게 마무리가 되는 것은 아니고, 그 과정도 결코 쉽지 않을 거예요. 아직 자라는 아이들이기에 수백 번 수천 번의 연습이 필요하거든요. 그렇지만 반복적으로, 일관된 훈육의 말을 아이에게 해 준다면 우리 아이 마음에 조금씩 조금씩 올바른 행동의 기준이 새겨질 거예요.

2
잘못된 훈육은 역효과

앞에서 훈육을 효과적으로 하려면 부모와 자녀 관계에 신뢰가 있어야 하고, 긍정적이어야 한다고 했어요. 아이들은 부모를 믿고 따를 때 부모의 가르침을 듣고, 행동의 변화가 일어나거든요.

그런데 긍정적이어야 할 훈육이 잘못된 방향으로 흐르는 경우도 있어요. 대표적으로 과도한 감정 읽기와 체벌이 있습니다.

훈육을 망치는 과도한 감정 읽기

부모와 자녀가 좋은 관계를 맺는 데 가장 기본적이면서 중요한 것은 아이의 감정을 알아주는 것이에요. 3단계 훈육 공식에서 아이의 감정과 욕구를 알아주는 게 제일 첫 단계일 정도니까요. 아이가 블록을 끼우는데 잘 안돼서 징징거리다가 급기야 블록을 내동댕이칠 때 무조건 "블록 던지는 거 안 돼."라고 말하는 것보다, "블록이 잘 안 끼워져서 답답했구나."라고 감정을 읽어 주면 아이는 화나고 흥분한 마음을 한번 가라앉히고 그다음 이야기를 들어 볼 여유가 생겨요.

만일 이 단계 없이 "블록 던지지 마." 이렇게 제한만 한다면 아이의 감정이 더 격해질뿐더러 나의 행동이 왜 문제인지, 던지는 행동을 했을 때 어떤 부정적인 영향이 있는지, 그렇다면 화날 때 어떻게 표현해야 하는지 배울 수 없어요. 이런 이유로 긍정적인 부모와 자녀 관계뿐만 아니라 효과적인 훈육을 위해서도 감정 읽기를 첫 번째로 강조했습니다.

그런데 최근에 이 좋은 감정 읽기를 '내 자식 상처 주지 않기' 위한 방법으로 오용하는 경우가 많아요. 2022년 왕의 DNA 사건이나 2023년 서이초 교사 사망 사건의 발단도 잘못된 감정 읽기의 결과이지요. 교육부의 고위 공무원인 학부모가 "우리 아이는 왕의 DNA를 갖고 있다."며 담임 교사에게 자신의 아이만을 특별 대우해 주길 요청한 편지의 몇 구절을 살펴볼게요.

- 하지 마, 안 돼, 그만! 등 제지하는 말은 '절대' 하지 않습니다.
- 또래와 갈등이 생겼을 때 철저히 편들어 주세요.

아이가 누군가를 때리거나 물건을 던지거나 소리를 지르면 당연히 "안 돼."라고 말해야 합니다. 이는 돌잡이 아기에게도 위험한 행동을 했을 때 제지하는 신호로 할 수 있는 말이지요. 간혹 아이에게 "안 돼."라는 말을 하면 안 된다고 생각하시는 분들이 있어요. "안 돼.", "그만." 등의 제한을 들었을 때 아이가 소리치고 떼쓰는 것이 두려워서 못 한다면 그것이야말로 아이의 정서 조절 능력을 가르치는 부모의 임무에 태만한 것입니다.

또래와 갈등이 생겼을 때 철저히 편들어 달라는 말도 대단히 걱정되는 말입니다. 또래와의 갈등은 사회성을 기르는 과정에서 필수적인 요소예요. 갈등을 통해 내가 원하는 것을 주장하고, 다른 사람의 욕구나 감정을 이해하고, 그 사이를 조율하는 아주 고차원적인 사회 기술은 결코 하루아침에 이루어지지 않아요. 진정한 감정 읽기는 내 아이의 감정뿐 아니라 상대방의 감정도 소중하다는 것을 일깨우는 작업입니다.

이렇게 과도하고 잘못된 감정 읽기의 결과는 학교생활을 시작하면서 본격적으로 문제가 드러날 텐데요. 이미 영유아 시기부터 부모의 양육 태도에 문제가 있었을 가능성이 높습니다.

아이가 5~6세 정도 되면 아직 유아기지만 어느 정도 부모나 교사 등 어른의 표정이나 말투에 따라 자기 행동에 대한 옳고 그름을 판별할 수 있어요. 예를 들어, 유치원에 다니는 6세 아이는 친구들과 재미있게 놀다가도 교사가 수업을 시작한다고 하면 놀이를 정돈하고 자리에 앉을 수 있어요. 물론 너무 재미있게 놀이에 몰입한 나머지 계속 놀이를 할 수도 있지요. 그럴 때 선생님이 가까이 다가와서 "아윤아, 이제 놀이 정리할 시간이야." 하면 아이는 금방 "네." 하고 자리에 앉을 수 있어요. 이것이 바로 이 나이 때 할 수 있는 자기 조절입니다. 이것이 조금 어려운 아이들은 반드시 초등학교 입학 전에 연습하고 익혀야 학교생활을 순조롭게 보낼 수 있어요.

그런데 가정에서 적절한 제한과 훈육 없이 "우리 아윤이 이거 재미있구나. 그래, 그럼 네가 원하는 대로 해.", "네가 얼마나 속상했으면 친구를 때렸겠어.", "엄마 때릴 정도로 화가 많이 난 거야? 엄마가 미안해." 이렇게 아이의 감정을 모두 다 수용하고 이후의 작업이 없다면 아이는 그야말로 천둥벌거숭이가 될 거예요.

육아의 궁극적인 목표는 아이가 건강한 성인으로 독립하는 것이고, 그 목표까지 도달하는 과정이 바로 '사회화' 과정이에요. 아이가 성인이 되어 오롯이 자기 두 발로 이 사회 어딘가에서 제 역할을 톡톡히 해 나가는 구성원으로 큰다는 것이 얼마나 기특하고 대견한 일인가요. 이런 책임감 있는 성인으로 성장하려면 자신을 믿고 소중하게 여기는 '자존감'과 사회적으로 옳고 그름을 알고 내 행동을 적절하게 조절하는 '통제력'이 필요해요.

훈육을 할 때는 아이의 감정과 욕구를 읽어 주는 것, 아이의 잘못된 행동을 교정하고 사회의 규칙을 내면화하도록 지도하는 것, 이 두 가지가 함께 이루어져야 한다는 점을 꼭 기억하세요.

부모와의 관계를 망치는 체벌

요즘 부모들은 "아이의 감정을 읽어 준답시고 너무 '오냐오냐' 키운다."는 질타를 종종 듣습니다. 그러면서 동시에 "애들은 원래 맞으면서 크는 거다.", "아이들이 말을 안 들으면 때려서라도 가르쳐야 한다."고 말하는 사람들도 있지요.

아이를 기르고 가르치는 것은 '백년지대계(百年之大計)'라 했습니다. 아이를 양육하는 데 있어 어떤 생각이나 사상이 시대에 따라 유행하듯 바뀌는 것이 아니고, 가장 근본적이고 중요한 생각과 문화가 있어야 하는 것이지요. 그런데 어느 때는 "아이 자존감을 키워 주는 게 중요하니 감정을 읽어 주고 혼내지 마라."고 했다가, 어느 때는 "아이들이 잘못하면 호되게 꾸짖고 때려야 한다."고 하면 이것이야말로 우리가 양육에서 피해야 할 태도인 '비일관적 양육'일 것입니다.

한창 어린아이를 키우는 지금의 3040 부모 세대만 하더라도 어린 시절에 가정과 학교에서 체벌이 공공연하게 일어났어요. 엄마 몰래 과자를 먹었다고 머리를 쥐어박히는 사소한 일부터 성적이

나쁘다고 "종아리 걷어!"라는 호령과 함께 피멍이 들도록 종아리를 맞았다는 이야기도 심심치 않게 들었습니다. "선생님, 저희 아이 왼손으로 글씨 쓰면 때려 주세요!"라고 담임 교사에게 이야기해도 서로가 아무렇지 않은 어린 시절을 지나왔지요. 이 글을 읽는 여러분의 어린 시절도 크게 다르지 않으리라 짐작합니다.

매를 맞고 욕설을 듣는 것은 누구나 유쾌하지 않은 일일 거예요. 하지만 시간이 흘러 어른이 되면 "그때는 누구나 그랬지.", "사랑의 매가 있어서 내가 이 정도로 큰 거야." 하고 아름답게 포장하기도 해요. 반면에 어릴 적 체벌의 경험 때문에 어른이 되어서도 트라우마를 겪는 사람이 적지 않습니다.

그럼 아이들은 어떨까요? 폭력에 노출되었던 아이들은 자신에게 위협이 될 만한 자극에 더 민감하게 반응해요. '혹시 또 맞지는 않을까?', '내가 위험하지는 않을까?' 불안해하면서 경계 상태에 있는 거예요.

우리 뇌에 있는 편도체(amygdala)와 앞뇌섬엽(anterior insula)은 사람들의 얼굴이나 표정 같은 정서적인 정보를 처리하고 반응하며, 위협적인 자극을 감지해요. 폭력이나 학대에 노출되었던 아이들은 화난 표정을 보거나 공포에 질린 표정을 볼 때 보통 아이들보다 뇌가 더 민감하게 반응합니다. 그리고 이렇게 불안한 상태에 있는 아이들은 학습 능력이 급격히 떨어져요.

인간의 뇌는 생명의 뇌, 감정의 뇌, 생각의 뇌로 크게 3층 구조로 되어 있습니다. 만약 산속을 지나가다 호랑이를 만나면 누구나 온몸이 뻣뻣해지고 식은땀이 날 거예요. 극도의 긴장과 불안감과 함께 죽기 살기로 달아나려고 애쓰겠지요. 이때 인간의 뇌는 맥박과 체온을 조절하는 생명의 뇌와 감정을 다루는 감정의 뇌가 활발히 작동하는데요. 호랑이한테 잡아먹히느냐 마느냐 하는 일촉즉발의 상황이기 때문에 당장 살아남는 것이 가장 중요한 상황이에요. 따라서 '어떻게 하다 이 산속에 들어왔지?', '어느 길로 가면 돌아갈 수 있을지 되짚어 생각해 보자.' 이런 식의 문제 해결을 위한 합리적인 사고는 작동하지 않아요. 이 합리적인 사고는 바로 인간의 전두엽(frontal lobe), 즉 생각의 뇌 부위에서 작동합니다.

이처럼 인간이 극도의 불안과 스트레스 상황에 압도되면 주의를 기울이고, 천천히 생각하고, 궁리하는 데 에너지를 쓰기 어려워요. 인간의 에너지는 한정적이기 때문이지요. 아이들이 체벌을 받고 무섭게 혼날 때 역시 아이의 뇌가 경계 상태, 공포 상태에 빠지기 때문에 아이 뇌의 반응은 생존을 위한 뇌가 될 뿐, 학습을 위한 뇌로 준비되지 않습니다.

"아이에게 부정적인 영향을 주는 것은 좀 심하게 체벌했을 때만 그런 거 아닌가요?" 하고 반문하는 분도 있습니다. 그럼 머리를 콩쥐어박거나 엉덩이를 찰싹 때리는 정도는 괜찮을까요?

미국에서 이루어진 연구 하나를 소개할게요. 미국에서는 가정에서 엉덩이를 가볍게 때리는 체벌이 일상적인 편인데요. 이 행위가 아이들에게 어떤 영향을 주는지 분석한 연구예요.

연구팀은 연구에 참여한 아이들을 엉덩이를 맞은 경험이 있는 아이들과 그런 경험을 한 적 없는 아이들, 두 그룹으로 나누었어요. 그런 다음 이 아이들이 공포에 질린 얼굴을 볼 때의 뇌 반응이 어떤지 확인했지요. 공포에 질린 얼굴이라는 건 위협적인 상황이 일어나고 있다는 중요한 신호라고 볼 수 있어요. 이 연구 결과, 체벌을 당했던 아이들은 공포에 질린 얼굴을 볼 때 훨씬 더 민감하게 반응하는 뇌 영역이 있었어요. 놀랍게도 그 뇌 영역은 심한 학대를 받은 아이의 뇌에서 관찰된 것과 비슷했지요. 이를 통해 우리가 일상에서 가볍다고 생각하는 체벌도 아이들에게는 큰 영향을 미칠 수 있다는 것을 알 수 있습니다.

이 밖에도 맞으면서 큰 아이는 그렇지 않은 아이들보다 학습 능력이 떨어지고, 공격적인 성향을 보인다는 연구 결과도 있어요. 체벌이 지능을 낮게 하고, 폭력을 가르치는 결과를 낳은 것이지요.

이렇게 체벌의 부정적인 영향을 밝힌 연구 결과가 많이 있지만, 여전히 '체벌의 효용'을 이야기하는 사람도 있어요. 간혹 "규칙을 정해 두고 정해진 매로 때리는 것은 괜찮지 않나요?" 하고 질문하는 분들도 있지요. 이렇게 말하는 데는 부모가 이성적으로 아이를 가르칠 수 있다는 건데요. 여기에는 세 가지 이유로 반대할 수 있습니다.

첫째, 체벌을 할 때는 이성적이기 어렵습니다. 아이를 때리는 상황을 떠올려 보면 대부분 아이에게 '화가 나서', '실망해서' 부모 자신의 감정을 쏟아 내는 경우가 많아요. 맘 카페에 자주 올라오는 '오늘도 제가 미친x이 되어 아이에게 소리 지르고 등짝을 때리고 말았습니다.' 이런 고해성사 같은 글만 봐도 이성적인 상태에서 아이를 체벌하는 건 어려워요.

둘째, 체벌은 강도나 빈도에 대한 객관적인 기준이 없습니다. 아이가 문제 행동을 했을 때 손바닥 한 대, 종아리 한 대 이렇게 아이와 사전에 협의하여 정해진 매로 때리기로 약속을 했어도, 때리는 세기나 횟수는 그때그때 다르므로 객관적이지 않아요. 아이가 체벌을 당하고도 문제 행동이 없어지지 않을 경우 그때는 어떻게 할까요? 처음에는 점잖고 이성적이었던 부모조차 슬슬 화가 나고 감정이 격해지면서 체벌의 수위가 올라갈 수 있어요.

셋째, 훈육의 궁극적인 목표에 어긋납니다. 훈육의 궁극적인 목표는 아이들이 어떻게 행동하는 것이 옳고 그른지를 알고 적절한 행동을 하는 거예요. 그런데 체벌에 의한 행동 교정은 아이 입장에서는 무서워서 맞지 않기 위함이지 자기 행동이 왜 잘못되었고, 바람직한 행동은 어떤 건지는 배우지 못한다는 큰 단점이 있어요.

예를 들어, 동생을 때린 아이가 부모에게 혼나고 매를 맞았어요. 아이는 더 이상 동생을 때리지 않았지요. 그런데 알고 보니 부모가 있을 때만 때리지 않았을 뿐, 부모가 없으면 바로 동생을 때립니다. 아이가 적절한 훈육을 받았다면 동생을 왜 때리면 안 되는지, 기분이 나쁠 때 때리는 대신 어떻게 하면 좋은지 배우고 내면화하면서 긍정적인 방향으로 성장했을 거예요.

아이를 체벌하는 부모를 다 비난하는 건 아닙니다. 오히려 그 마음을 이해하고 안타깝기 때문에 함께 경각심을 갖고 사회적으로 노력하고자 하는 마음이 큽니다. 아이를 체벌하는 부모도 그 내면을 들여다보면 누구보다 아이를 사랑하고 잘 키우고 싶은 마음이 있다는 것을 알고 있어요. 잘 키우고 싶은데 아이의 문제 행동의 원인이나 대처 방법에 대해 딱히 아는 게 없고, 이대로 놔두면 나쁜 아이로 클까 봐 걱정되고 불안한 마음에 어떻게든 '이 행동을 없애야겠다.' 하고 체벌하는 것이겠지요.

그렇지만 아이를 때리지 않고도 문제 행동을 바로잡고 바람직한 행동으로 변화시키는 방법은 많이 있습니다. 아이의 발달 과정을 잘 이해하고, 그 발달 수준에 맞는 훈육 방법을 알면 더 현명하고 효과적으로 아이를 지도할 수 있어요.

3

부모가 절대 하면 안 되는 말

앞에서 훈육이 효과적이려면 부모와 자녀 관계가 긍정적이어야 한다고 했지요. 자녀와 원만한 관계를 이루기 위해 꼭 필요한 것이 부모의 '감정 읽기'라면, 반대로 부모가 자녀에게 절대 해서는 안 되는 말이 있어요. 아이들은 부모가 무심코 던진 말 한마디에 상처를 받기도 하고, 부모에 대한 신뢰를 잃기도 하거든요.

아무리 좋았던 관계라도 부정적인 의사소통의 반복은 그 관계를 점점 멀어지게 할 수 있어요. 아이와의 관계를 소홀히 하고 돌보지 않다가 나중에 현실을 깨닫고 후회하는 안타까운 경우가 참 많습니다.

우리가 아이를 양육하면서 조심해야 할 말에는 어떤 것이 있을까요? 아이의 존재를 부정하는 말, 비난하는 말, 미래를 부정적으로 점치는 말, 협박하는 말, 비교하는 말 등이 있습니다.

아이의 존재 부정 "왜 태어났어?"

"어휴, 너 같은 게 왜 태어나서…….", "내가 너를 왜 낳아서 이 고생인지 모르겠다.", "너 때문에 못 살겠다, 정말.", "넌 우리 집 망신거리야." 이런 말은 아이의 존재를 부정하는 말입니다. 상상만으로도 가슴이 아릴 만큼 듣기 힘든 말이지요.

어릴수록 아이에게는 부모가 세상의 전부와도 같아요. 정서적 뿌리를 심어 주는 역할을 하는 존재가 부모인데, 부모로부터 이런 말을 들으면 그 뿌리가 송두리째 흔들리지요. 아무리 따뜻한 밥을 먹고 좋은 집에서 자더라도 이런 말을 들으면 아이는 자신이 가치 있고 소중한 존재로 태어났다고 생각하기 어렵습니다.

이런 말은 보통 부모 자신의 상황이 위태롭거나 양육 스트레스가 높을 때 할 수 있어요. 그러므로 좋은 부모가 되려면 부모 자신의 감정을 잘 인식하고 부정적인 생각의 굴레에 빠지지 않도록 스트레스를 관리하는 자신만의 방법이 있어야 해요. 아이가 아무리 큰 잘못을 저지르고 부모를 힘들게 한다고 해도, 우리는 어른이자 부모입니다. 아이들의 문제 행동에 대해 가르치고 바로잡아 줘야 하는데, 이렇게 부모가 화나고 힘든 감정을 분풀이하듯이 악담을 퍼부으면 절대 안 돼요. 물론 큰 스트레스가 없어도 무심코 이런 말을 던질 수 있으니 늘 주의해야 합니다.

박완서의 단편 소설 〈옥상의 민들레꽃〉에는 7세 여자아이가 등장해요. 엄마가 친구랑 전화를 하면서 '군더더기로 막내를 낳아 고생이다. 막내만 아니면 얼마나 홀가분할까.' 하고 말합니다. 문제는 이 말을 막내가 엿듣게 되지요. 막내는 하늘이 무너질 만큼 충격을 받아 죽기로 결심해요(다행히 죽진 않습니다).

엄마의 캐릭터를 살펴보면 사실 엄마는 막내딸을 무척 귀여워합니다. 그런데도 너무 쉽게 다른 사람에게 자신의 딸에 대한 부정적 이야기를 하고 말지요. 말 한마디가 이렇게 사람을 잡을 수도 있으니 우리 모두 아이 앞에서는 입조심하기로 해요.

아이를 비난하는 말 "그것도 몰라?"

"이 바보야, 그것도 몰라?", "어휴 저 꼴통!", "거짓말쟁이!", "누굴 닮아 저렇게 소심해?", "내가 너 그럴 줄 알았어.", "왜 이렇게 게을러터졌어." 이런 말을 들으면 아이들은 크게 두 가지 반응으로 나뉘어요. 굉장히 위축되고 소심해지는 아이들이 있고, 반항하고 방어적인 태도를 취하는 아이들이 있지요. 위축되든 반항하든 공통적인 문제는 부모의 비난하는 말을 자기도 모르게 내면화한다는 거예요.

사회학 용어 중에 '낙인 효과'라는 말이 있습니다. 우리가 아이의 행동을 보고 '머리 나쁜 애, 소심한 애, 인사 안 하는 애' 이렇게 단정하고 꼬리표를 붙이면, 아이 역시 자신을 그렇게 인식하고 그 틀 안에 갇혀 행동하는 현상을 뜻해요.

비난하는 말을 들으면 반항하고 더 세게 행동하는 아이들이 있어요. 부모는 이런 아이를 통제하기 위해 더 강하게, 더 모진 말을 하기도 하지만 이 아이 마음에는 내가 잘할 수 있다는, 나는 괜찮은 사람이라는 자기 효능감이나 자존감이 낮기 때문에 도전하고 성취하는 생산적인 일을 해내지 못하는 경우가 많습니다.

다시 말하지만 부모의 목표는 아이를 건강한 사회인으로 독립시키는 일이에요. 아이가 거짓말을 많이 한다면 거짓말을 왜 하는지 살펴보고, 거짓말을 하지 않아도 되는 편안한 환경을 조성한 다음 함께 문제 해결을 위해 노력해야 해요. '거짓말쟁이'라고 낙인찍는 것은 아이의 자존감이나 문제 행동 교정에 아무런 도움이 되지 않아요. 그저 부모의 분함을 표출하는 말일 뿐입니다.

아이의 미래를 부정적으로 점치는 말 "넌 어차피 안 돼."

"너 커서 뭐가 될라 그래?", "너 그렇게 살다가는 굶어 죽어.", "어차피 해도 안 될 거야." 이런 말은 비난하는 말과 비슷하면서 아이의 미래를 나쁘게 단정 짓는 내용이 들어 있어요.

낙인 효과의 반대 용어는 '피그말리온 효과', '로젠탈 효과'예요.

이 효과는 평범한 아이를 가르치는 교사에게 "이 아이는 똑똑하다. 잘할 것이다."라는 믿음을 주면 그 교사는 아이를 긍정적으로 대하고, 결국 아이들도 긍정적인 기대와 반응에 따라 행동한다는 교육 심리학 용어입니다.

아이의 미래를 부정적으로 점치는 말은 피그말리온 효과와 정반대의 효과를 불러와요. 아이들의 행동이 사실 늘 좋게만 보기는 어려워요. 걱정이 될 때도 있고, 한심하게 느껴질 때도 있지요. 그런데 아이들은 원래 천방지축, 들쭉날쭉해요. 많은 경험을 통해 다듬어지고 어른으로 성장하지요. 그런데 아이의 현재 모습이 부족해 보인다고 해서 부모가 미래를 단정하거나 비난하고, 심하게는 저주와도 같은 말을 한다면 아이는 결국 그 말로 인해 성장하지 못할 거예요.

협박하는 말 "그럴 거면 당장 나가!"

"너 엄마 말 안 들을 거면 집에서 나가.", "네가 입고 있는 옷, 먹는 음식 다 엄마 아빠가 사 준 거야. 부모 말 무시할 거면 다 벗고 나가.", "또 그러면 아주 혼날 줄 알아.", "지금 당장 밥 안 먹으면 장난감 다 없애 버릴 거야."

이러한 협박의 말도 무심코 자주 하는 분들이 있습니다. 내가 지금 우리 아이에게 하고 있을 수도 있고, 부모인 나 역시 어릴 때 많이 들었던 말일 수도 있지요.

　협박의 말은 왜 나쁠까요? 협박을 하게 될 때는 주로 부모의 말이 아이에게 먹히지 않을 때일 거예요. 좋은 말로 타일러도 안 되고, 혼을 내도 안 될 때 협박이라는 수단을 쓰는 분들이 있지요. 협박은 힘의 균형에서 힘이 있는 쪽이 하는 행위이므로, 결국은 힘으로 약자를 굴복시키는 방법이에요.

　화가 머리끝까지 난 부모가 협박하는 말을 하면 부모는 아이에게 협박이라도 하면서 분을 풀지만, 협박을 들은 아이는 굉장히 수치스럽고 무력감을 느껴요. 그 무력감으로 아이는 수동적이고 피동적인 존재가 되거나, 부모에 대한 원망과 적개심으로 그다음에 더 세게 행동할 수 있어요. 그러면 부모의 협박과 분노 수위도 점점 높아지고 악순환의 고리에 빠집니다.

　만약 내가 아이에게 협박하는 말을 자주 하고 있다면, 그래서 협박을 끊고 싶다면, 상황의 진짜 문제를 파악하는 게 우선이에요. '왜 아이가 내 말을 안 들을까?', '어쩜 이렇게 참지 않고 떼를 쓰는 걸까?' 생각해 보면, 아마 '훈육'이 필요한 상황에서 제대로 된 훈육이 안 됐을 때 협박으로 이어진 경우가 대부분이었을 거예요. 본인의 상황과 같다고 느끼는 분들은 올바른 훈육 방법에 대해 더 열심히 공부하셔야 해요.

다른 아이와 비교하는 말
"네 친구는 잘하던데 너는 왜 못하니?"

"친구는 저렇게 말을 잘하는데, 넌 왜 아직도 말을 안 해.", "쟤는 책을 저렇게 많이 보는데, 너는 왜 책을 사 줘도 안 보니?", "다른 집 애들 하는 거 반만이라도 해 봐. 그럼 걱정이 없겠다." 이런 표현은 주로 또래와 비교할 때 쓰지만, 형제끼리 비교할 때도 사용해요. "네 동생처럼 아빠 말 좀 한 번에 들어라.", "누나는 친구들이랑 저렇게 잘 노는데, 너는 왜 이렇게 까다로워." 등의 말이지요.

비교하는 말도 아주 빈번하게, 무심코 하는 말이에요. 비교는 본능이라서 아이들도 '쟤는 벌써 나보다 잘하는 것 같은데.', '나보다 못하네.' 이렇게 비교를 해요. 그러므로 부모는 비교하면서 칭찬하거나 혼내는 행동을 의식적으로 더 조심해야 합니다. 그렇지 않으면 나도 모르게 비교의 말이 튀어나오니까요.

한번은 상담실에서 부모 상담을 하는데, 부모님이 매사 아이를 다른 아이들과 비교하면서 면박을 주었어요. 그분께 한번 입장 바꿔서 생각해 보라고 했지요.

"만약에 아이가 '아빠는 왜 ○○네 아빠처럼 돈을 많이 못 벌어?', '조금 더 열심히 살아 봐. ○○네 엄마처럼.', '○○네 엄마는 친절하고 화도 안 내는데.', '○○네 아빠는 쉬는 날마다 스마트폰

안 보고 친구랑 재미있게 놀아 줘.' 하면서 다른 친구의 부모님과 비교하면 어떨 것 같으세요?"

대부분 이런 질문을 드리면 부모님들은 당황합니다. 그리고 무심코 하는 비교의 말이 아이에게 얼마나 타격이 심한지 절감하지요.

비교의 말은 아이에게 구체적으로 어떤 영향을 줄까요? 일단 자존감이 팍팍 내려갑니다. 무의식적으로 '나는 책 안 보는 애', '말 안 듣는 애', '공부하기 싫어하는 애' 이렇게 생각하게 되지요.

그리고 비교가 되는 대상을 좋아하기도 어려워요. 단지 질투의 대상이고 경쟁 상대로만 인식하게 되지요. 이것이 또래 관계로 이어지면 이간질, 왕따 문제의 시작이 될 수 있고, 형제자매 관계로 가면 다툼의 불씨가 될 수 있어요.

비교를 통해 칭찬을 듣는 쪽도 좋지 않은 건 마찬가지예요. 누구 하나 밟으면서 들은 칭찬이기 때문에 칭찬을 들어도 개운하지 않지요. 혹은 과도한 우월감을 느끼고, 내 자체의 발전이나 성장보다는 다른 사람을 지나치게 의식하고 타인과의 경쟁에서 이기는 데만 집중할 수 있어요.

아이들은 모두 생김새가 다르듯이 기질, 성격, 재능도 모두 다릅니다. 아이마다 강점과 약점이 있고, 개성이 다르지요. 그런데 부모가 세운 기준에 맞지 않는다고 해서 다른 아이와 비교하고 아쉬워한다면 아이는 오롯이 자기로서 커 나갈 수 없습니다.

아이의 감정을 부정하는 말 "그게 울 일이야?"

"무섭긴 뭐가 무섭다 그래.", "사내자식이 울긴 왜 울어.", "이제 그만 울어, 뚝!", "누구나 힘들어. 너만 힘든 거 아니야.", "이건 화낼일이 아니야." 이런 말은 아이의 감정을 부정하는 말입니다.

앞에서 아이의 감정을 읽어 주는 것이 얼마나 중요한가에 대해 여러 번 이야기했지요. 아이의 긍정적인 정서를 수용하는 것은 부정적인 정서를 수용하는 것보다 훨씬 수월해요. 정말 중요한 순간은 아이가 부정적인 감정을 표현할 때입니다. 아이가 화나고 속상하고 좌절하고 답답한 순간에 자신의 감정을 누군가에게 수용받는 경험을 가져야 자신의 감정을 편안하게 인식하고 조절할 수 있기 때문이에요.

여기서 문제는 아이들이 부정적인 감정을 차분하게, 세련되게 표현하지 않는다는 점입니다. 울고불고, 발 구르고, 소리치고, 드러눕기까지 하지요. 부모 입장에서는 이런 모습을 보기가 매우 괴로울 겁니다. '얘가 왜 이러지?', '너무 과민한 거 아닌가?', '너무 버릇없는 거 아닌가?', '내가 잘못 키워서 저러나?' 등등 많은 생각이 들지요.

그런 생각을 하다 보면 부모도 불안이 확 올라오면서 아이가 하는 부정적인 말을 제대로 수용해 주지 못하고 못 들은 척 무시하거나 도리어 너는 왜 그러냐며 다그치고 혼내기도 합니다. 하지만 이럴 때 아이가 부정적인 감정을 수용받지 못하면 어떻게 될까요? 아이는 불편한 감정을 느꼈을 때 이건 잘못됐다고 느끼면서 본능적으로 피하려고 하고, 이 감정을 적절하게 처리하는 방법을 알 수 없어요.

어떠한 감정이든 그걸 제대로 인식하고 마주할 수 있어야 그 감정을 조절하는 경험을 쌓고 앞으로 나아갈 수 있어요. 이게 해결이 안 되면 아무리 지적 능력이 좋아도, 아무리 좋게 포장하려고 애써도 결국 터지기 마련입니다.

따라서 부모는 감정의 중요성을 잘 알고, 이것을 잘 다루는 방법을 아이가 경험하도록 도와야 해요. 이것이 자녀 양육의 첫 단추를 채우는 일입니다.

4
개월별로 훈육법이 다른 이유

많은 부모가 '훈육은 언제부터 해야 하는가'에 대해 고민합니다. 누구는 두 돌부터 해야 한다고 하고, 또 어디서는 세 돌 이후에 해야 한다고 하고, 어떤 전문가는 태어나면서부터 훈육이 필요하다고 하니 부모들은 혼란스러울 거예요.

'36개월, 세 돌 이전에 훈육하지 마라'라는 말을 많이 들어 보셨을 텐데요. 왜 36개월을 기준으로 훈육을 이야기하는 걸까요? 세 돌이 되면 아이가 언어 발달이 많이 이루어지면서 자기가 원하는 것을 말로 잘 표현하고, 어른들의 말도 잘 알아듣고 이해하는 능력이 생기지요. 어떤 상황이 발생했을 때 상황에 대한 전후 맥락이나 인과 관계 같은 설명이 가능해지고요. 또 뇌 발달 측면에서 살펴보면 세 돌쯤 되었을 때 자기 조절 능력을 담당하는 전전두엽 속 안 와전두피질이 구조적으로 거의 완성돼요. 구조적인 발달이 완성됐다는 것은 도구가 준비되었고, 이제 도구를 잘 쓰는 방법만 연습하면 된다고 볼 수 있지요. 즉, 아이가 자라면서 자기 조절 능력을 꾸준히 훈련하고 발달시킬 준비가 된 거예요.

여기까지만 들으면 '자기 조절과 관련된 뇌 부위가 세 돌에 만들어지니까 세 돌 전에는 훈육을 해도 소용없는 건가?' 이런 의문이 들 수 있는데요. 훈육이라는 건 아이에게 생활의 규칙을 알려 주는 거예요. 아이는 자기 마음대로 하고 싶더라도 그렇게 하면 안 된다는 것을 알려 주면 그 말을 듣고, 이해하고, 자기의 욕구를 조절해서 행동해야 해요. 이런 과정이 한창 자기 마음대로 하고 싶은 것이 많은 아이에게는 참 어려운 일이지요. 따라서 종합적으로 생각했을 때 '세 돌이 되면 몸과 마음이 어느 정도 준비돼서 훈육을 했을 때 더 잘 받아들일 수 있는 상태가 되니, 이때부터는 본격적으로 훈육을 해라.' 이런 말이라고 생각하시면 됩니다.

돌 전 아이 훈육할 때 알아야 할 점

돌 이전에는 훈육이라는 개념보다는 아이의 생존과 관련된 부분, 즉 안정적으로 잘 먹고, 잘 자고, 잘 싸는 일에 신경 써야 해요. 돌 이전에는 아이가 보내는 신호에 양육자가 민감하게 반응하면서 아이와 신뢰감을 형성하는 것이 가장 중요한 시기예요. 이후에 효과적인 훈육을 위해서는 아이와 부모의 안정적이고 신뢰 있는 관계가 기본적으로 형성되어 있어야 하기 때문이에요.

　심리학자이자 아동정신분석학자인 에릭 에릭슨은 태어나서 돌까지의 시기를 신뢰감 대 불신감의 단계라고 했어요. 아기가 태어나면 일단 세상은 낯선 곳이지요. 그런데 누가 나를 따뜻하고 세심하게 돌봐 주면 아이는 '아, 세상은 믿을 만한 곳이구나.' 하면서 자신과 다른 사람, 더 나아가 세상에 대해 신뢰감을 느낍니다. 반대로 적절한 돌봄이 이루어지지 않으면 아이는 세상에 대해 불신감을 느끼지요.

　따라서 이 시기에는 훈육에 중점을 두기보다는 아이가 안전하게 생활할 수 있는 환경을 조성하는 데 더 신경 써야 해요. 아이가 보내는 신호에 부모가 민감하게 반응하고, 상호 작용을 하는 경험을 충분히 쌓아야 아이는 '세상은 믿을 만하고 살기 좋은 곳'이라고 느끼고 신뢰할 수 있습니다.

돌이 지난 아이 훈육할 때 알아야 할 점

돌 이후가 되면 슬슬 아이의 행동에 대해 "안 돼.", "기다려." 하는 적절한 제한 자극이 주어져야 합니다. 이 시기 아이들은 신체적인 능력이 발달하면서 활동 반경도 넓어지고 호기심도 폭발하기 때문에 새로운 시도를 많이 해요. 또 자기주장이 생기기 시작하지요. 원하는 걸 해 달라고 바닥에 드러누워 울고, 소리를 지르면서 본격적인 떼쓰기가 시작됩니다. 돌 전후 아이들은 부모의 말을 모두 이해하지는 못하지만 적절하지 않은 행동에 대해서 "안 돼.", "위험해." 같은 단순한 말은 알아들을 수 있어요. 부모의 표정이나 태도를 통해서 정보를 얻는 사회적 참조도 할 수 있습니다.

무조건적인 허용과 과잉 애착이 아니라 적절한 통제와 제한이 주어질 때 아이는 자신이 무엇을 해도 되는지, 하면 안 되는지를 구분해서 인식할 수 있어요. 이 과정에서 자기 조절 능력이 발달해요.

아이의 자율성 발달에 해가 될까 봐 "안 돼."라는 말을 하지 않는 부모도 간혹 있습니다. "안 돼." 대신에 "삑!", "엑스!" 이런 식으로 대체하여 표현하기도 하고요. 그런데 두 돌 전 아이도 훈육을 통해 무엇이 되고, 안 되는지에 대한 개념을 알게 되고, 이런 훈육은 이후에 자기 조절 능력의 바탕이 됩니다. 안 되는 상황에는 "안 돼."라고 정확하게 알려 줘야 해요.

두 돌 전 아이는 아직 옳고 그른 것, 해도 되는 것과 안 되는 것에 대한 구분이 어려워요. 말로 설명해 줘도 온전히 이해하기 어렵고, 이해한다고 해도 자기 조절 능력이 충분히 발달하지 않아 욕구 조절을 어려워할 수 있어요. 따라서 아이가 하면 안 되는 행동을 했을 때는 행동을 간결하게 제한하고, 재빠르게 주의를 분산시키는 것이 효과적인 훈육 방법입니다.

두 돌 지난 아이 훈육할 때 알아야 할 점

두 돌이 지나면서 아이는 질투, 당황, 창피, 죄책감, 수치심과 같은 복잡한 기분을 인식할 수 있어요. 또 나와 다른 사람이 서로 다른 마음을 가질 수 있다는 것을 알기 시작합니다. 두 돌 이전에 비해 자아 인식을 할 수 있고, 대상 영속성도 획득하면서 눈에 보이지 않아도 대상이 존재할 수 있다는 한 단계 발전한 인지 처리가 이루어져요. 아이는 스스로 하고 싶은 것이 많지만, 아직은 스스로 할 수 있는 것이 없는 딜레마 상황에 자주 놓입니다. 그래서 훈육이 필요할 때도 많아져요.

세 돌 지난 아이 훈육할 때 알아야 할 점

아이들은 세 돌이 지나면 언어 발달 측면에서 눈부신 발전을 보입니다. 자신이 원하는 것에 대해 구체적인 의사 표현을 할 수 있고, 어른들과도 대화가 통한다는 느낌이 들 겁니다. 앞서 이야기한 뇌에서의 자기 조절 기능도 발전하고, 인과 관계도 잘 파악하므로 고차원적인 훈육이 시작된다고 볼 수 있어요. 세 돌이 지나면서 '이제 우리 아이가 사람이 된 것 같다.'고 이야기하는 부모도 있지요. 진정한 대화도 조금 되는 것 같고, 협상도 되고, 협의가 가능한 단계로 발전했다고 볼 수 있습니다.

네 돌 지난 아이 훈육할 때 알아야 할 점

네 돌이 지나면 아이들은 또래 관계에 관심을 보여요. 아이들의 세계가 더 넓고 다양해지는 것이지요. 이에 따라 사회성 발달에 도움이 되는 훈육 상황이 많아집니다. 발달한 자기 조절 능력과 인지 능력, 언어 능력을 바탕으로 다양한 상황에서 아이들이 자신의 생각과 마음을 어떻게 표현해야 하는지 배우는 단계이지요. 또한, 학습이 조금씩 가능해지면서 글자에 관심을 보이거나 새로운 주제에 관심을 갖는 인지 발달을 보이기도 해요. 따라서 훈육이 필요한 새로운 상황을 많이 맞닥뜨리게 되고, 어떻게 대처해야 할지 몰라 당황스러운 경우가 많아질 수 있어요.

아이들은 태어난 이후에 끊임없이, 계속해서, 부지런하게 발달하고 있어요. 아이들은 자연스럽게 연령에 맞는 신체, 인지, 정서, 사회성, 언어 발달을 이룹니다. 부모는 그 발달 수준에 적합한 훈육 방법을 사용해야 해요. 그래야 아이가 부모의 훈육을 온전히 이해하고 받아들일 수 있지요. 즉, 아이들의 발달 수준에 맞는 훈육법이 필요하고, 이에 대한 육아 공부가 꼭 필요합니다.

영유아 시기별 발달 특징

	신체	인지	사회·정서	언어
돌 전후 (0~15개월)	• 전체 비율상 머리가 크다. • 점차 목을 가누게 된다. • 기고, 스스로 앉을 수 있다. • 잡고 설 수 있을 정도로 급격한 신체 발달을 이룬다.	• 새로운 대상에 호기심을 보인다. • 손으로 잡아 입에 넣고 탐색하는 시도가 많다.	• 웃음과 울음으로 의사소통을 한다. • 사람들의 얼굴을 인식하게 되면서 표정도 인식한다. • 부모의 상호 작용을 통해 첫 사회적 관계를 형성한다. • 애착이 형성된다.	• 돌 전후가 되면 수용 언어 능력이 발달한다.
두 돌 전후 (15~30개월)	• 두 발로 걷기 시작한다.	• 문제 해결 능력이 발달하기 시작한다. • 대상 영속성을 획득한다. • 자아를 인식한다.	• 감정이 다양해진다. • 긍정적인 정서와 부정적인 정서를 이해한다.	• 간단한 단어나 짧은 문장을 말하여 의사 표현이 가능해진다.
세네 돌 전후 (30~48개월)	• 미세한 근육 제어가 가능하다.	• 논리적 추론이 조금씩 가능해진다. • 상상력이 생긴다.	• 감정 조절 능력이 생긴다. • 놀이와 상호 작용을 통해 친구와의 관계가 발전한다. • 사회 규칙과 기대를 이해하기 시작한다.	• 문장 구조가 더욱 다양해지고 어휘도 풍부해진다.
네 돌 이후 (48개월~)	• 민첩해지고 스포츠 활동도 가능하다.	• 학습 능력, 문제 해결 능력이 생긴다. • 고차원적, 추상적 개념을 이해한다. • 논리적 사고가 가능하다.	• 자기 개념 및 정서 조절 능력이 더욱 발달한다. • 정서적인 상태를 인식하고 표현하는 능력이 발달한다.	• 읽기, 쓰기가 가능해진다.

2장

무럭무럭 자라요

씨앗 단계 | 돌 전후 (0~15개월)

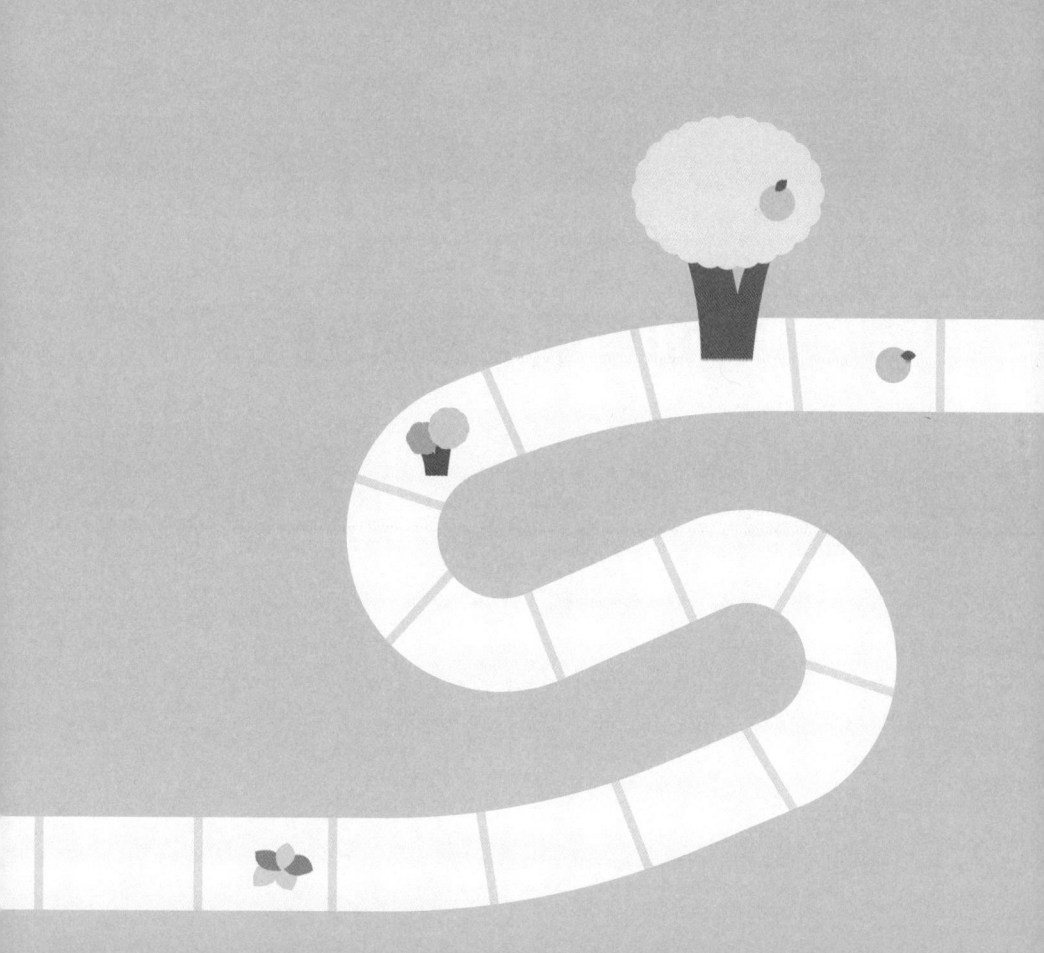

1

돌 전후 (0~15개월)
이렇게 발달해요!

1 신체 발달

생후 1년 사이에 영아들의 신체는 급격히 발달해요. 목도 잘 가누지 못하고 누워만 있던 갓난아이는 태어난 지 100일쯤 되면 목도 제법 가누고 눈빛도 더 또렷해져서 엄마 아빠와 눈 맞춤도 잘하지요.

생후 3~4개월 사이 부모의 초미의 관심사는 단연 뒤집기예요. "우리 아이가 드디어 뒤집기를 했어!" 하고 자랑스럽게 말하는 부모가 있는가 하면, 다른 한쪽에서는 '왜 우리 아기는 아직 뒤집지 않지? 발달이 느린가?' 하고 은근히 걱정하는 부모도 있어요. 이런 상황을 놓고 어떤 사람들은 부모들의 보이지 않는 경쟁이 시작된다고도 말하지요. 육아가 처음이고 우리 아이가 잘 크고 있는지 노심초사하는 초보 부모라면 그럴 만도 합니다. 그러나 조금만 더 지나고 보면 아이들은 발달 시기가 다 조금씩 다를 뿐, 결국 유전자 프로그램에 따라 발달 단계에 맞게 신체 발달을 이루어 나간다는 것을 알게 되지요.

생후 6개월이 되면 아기들은 배밀이를 하면서 슬슬 세상을 향한 움직임을 시도해요. 이 시기에는 아이가 배밀이를 통해 네발 기기가 능숙해지도록 아기 앞에 장난감을 두거나 아기와 마주 엎드린 상태에서 말을 걸어 주면 좋아요.

생후 8~9개월 정도 되면 아기는 네발 기기를 하면서 본격적으로 기동력을 갖춥니다. 자발적으로 탐험하는 세상은 아기에게는 낯설긴 해도 신기하고 매력적인 곳이지요. 아기는 기어서 구석구석 살펴보고 이것저것 만지고 입에 넣어 봅니다. 그러므로 이 시기 아기들은 혼자 잘 놀더라도 부모가 주의 깊게 잘 살펴봐야 해요. 바로 안전과 관련되기 때문이지요. 먼지를 집게손가락으로 콕 집어서 입에 넣기도 하고, 바닥에 떨어져 있는 머리카락도 요리조리 살피다가 입에 넣는 아찔한 순간의 연속이에요. 이 시기에는 부모가 바닥 청소도 열심히 하고, 안전문 설치도 하는 등 아이의 안전을 위해 만반의 준비를 하지요.

태어난 지 1년 정도 되면 아이의 신체 능력치가 꽤 높아지면서 드디어 두 발로 서서 걷는 직립 보행이 가능해집니다. 이제 바닥만 깨끗하고 안전할 게 아니라 아이가 이동하는 곳곳에 날카로운 것은 없는지, 뜨거운 것은 없는지 살피고 정돈해야 합니다. 이 시기에는 우리 아이가 세상을 향해 자신만만하게 걸어 다닐 수 있도록 부모가 아이의 손을 잡고 걸음마 연습도 해 보고, 부모의 발등에 아이의 발을 올려서 멋진 댄스 타임을 가지는 등 소중한 추억을 쌓을 수 있어요.

　이렇게 아기들은 태어나서 1년 동안 기기, 앉기, 서기, 걷기 능력을 체득하면서 놀랍도록 빠른 속도로 대근육을 발달시킵니다. 6~7개월이 지나면서부터는 손으로 물건을 쥐고, 흔들고, 빼내는 등 손가락을 이용한 탐색 활동도 활발하게 이루어져요. 손은 제2의 뇌라고 하지요? 이 시기에 소근육 활동을 많이 하면 아이의 눈-손 협응 능력 등 뇌 발달을 촉진하는 데 도움이 된답니다.

2
인지 발달

출생 후 아이들의 인지 발달도 신체 발달에 못지않게 급격하게 이루어져요. 신생아는 부모의 목소리나 얼굴 같은 사회적인 정보에 더 주의를 기울이고 선호해요. 유아 입장에서는 세상에 태어나 겪는 모든 경험은 다 처음 경험하는 자극이지요. 감각적으로 경험하는 여러 정보를 처리하고 지각하는 능력이 주요 인지 발달 과정이라고 할 수 있어요.

아기는 생후 4~6개월 정도가 되면 머리를 들고 앉을 수 있고 눈과 손의 협응 능력이 눈에 띄게 발달합니다. 원하는 물건을 잡으려고 손을 쭉 뻗기도 해요. 이 시기에는 아이들이 엄마 머리카락도 자주 잡아당기고, 아빠 안경도 잡아당기는 모습을 볼 수 있을 거예요. 물건을 잡는다는 것은 보이는 물체를 다른 배경과 분리해서 지각한다는 것을 의미해요. 또 목적을 달성하기 위한 실행 능력도 어느 정도 갖췄다는 뜻이지요.

생후 7~9개월 정도가 되면 유아들은 손가락을 더 미세하게 사용하여 세부적인 조작도 가능해요. 그래서 이 시기 아이들은 개인기를 개발하기도 하지요. 쥠쥠, 짝짜꿍짝짜꿍, 하트와 같이 손가락을 이용한 놀이도 많이 시작하고요.

아이가 생후 10~12개월 정도가 되면 언어에 대한 이해 능력도 급격하게 발달해요. 생활에서 자주 접하는 대상에 대해 이야기했을 때 이해하고 반응하는 능력도 크게 향상해요. "까까 먹을까?" 하면 '까까'를 알아듣고 좋아하면서 얼른 달라고 흥분하기도 하고요. 그림책 속 동물의 이름도 기억하여 "어머! 여기 호랑이가 있네." 하면 "어흥!" 하면서 울음소리를 따라 하기도 하고, 호랑이 그림을 가리키기도 합니다. "엄마 어디 있지?" 하면 엄마를 찾으면서 가리키고 반응하기도 하지요.

돌이 지난 아기는 한 물체를 가지고 상상해서 놀이하는 '상징놀이'를 하기도 합니다. 네모난 블록을 가지고 "여보세요?" 하면서 전화하는 시늉도 하고, 장난감 찻잔을 가지고 물 마시는 흉내도 내지요. 이런 상징 놀이가 가능하다는 것은 아이들이 머릿속으로 블록을 스마트폰이라고 상상하고, 그 상황을 가정해서 행동할 수 있는 능력을 갖췄다는 걸 의미합니다.

3
사회·정서 발달

태어나서 100일 정도까지 아기들은 먹고 자고 싸고 하며 대부분의 시간을 보냅니다. 이때 아기들은 자신과 타인, 세상에 대한 인식이 거의 없어서 자신과 타인을 구별하기 어려워요. 이 시기 아기들은 주로 자신의 몸을 탐색하며 시간을 보냅니다.

출생 시부터 아기들은 흥미, 고통, 만족의 정서를 나타낼 수 있어요. 그래서 아주 어린 연령의 아기라고 하더라도 부정적인 감정이 들 때 손가락을 빨거나 고개를 돌려서 부정적인 정서를 조절하려고 시도해요.

생후 2~3개월이 되면 아기들은 서서히 바깥세상을 인식하고, 사회적 상호 작용도 활발해집니다. 이때 양육자와 상호 작용을 하며 미소를 짓는 사회적 미소가 나타나는데요. 부모는 육아하다가 피곤하고 힘들 때 아기가 환하게 웃는 모습을 보면 힘들었던 마음이 사르르 녹아내리지요. 이런 아기의 사회적 미소는 양육자와의 친밀감을 강화시켜 사회적 상호 작용의 바탕이 됩니다.

좀 더 자라서 생후 3~6개월이 되면 아기들은 좋고 싫음을 몸짓으로 표현하고, 소리 내어 깔깔 웃기도 하고, 이름을 부르면 쳐다보거나 반응합니다. 분노, 슬픔, 기쁨, 놀람, 공포 같은 기본적인 정서도 나타나는 시기로, 짜증이 나면 성난 소리를 지르기도 하지요.

생후 6~7개월이 되면 친숙한 사람과 낯선 사람에 대한 구분이 가능해집니다. 주 양육자를 찾고 매달리는 분명한 애착 행동을 보이면서, 낯선 사람에 대한 두려움인 낯가림이 나타나지요. 이때부터 아이는 소위 엄마의 '껌딱지'가 되기도 하는데요. 이 시기 아기들은 주 양육자가 눈앞에서 사라지면 공포를 느끼는 '분리 불안'도 보입니다. 아기의 분리 불안은 돌 전후에 절정에 달하고, 아기가 36개월이 되기 전까지 지속되다 점차 줄어들어요.

8~10개월이 되면 아기들이 다른 사람의 정서 표현을 해석하는 능력도 보다 분명해집니다. 이 시기 아기들은 낯선 상황에서 양육자의 정서적 반응을 잘 보고 자신의 행동을 조절하기 위해 이 정보를 사용해요. 예를 들어, 새로운 장난감을 보고 양육자가 웃는다면 아기는 장난감에 다가가서 놀지만, 양육자가 무서워하는 표정을 짓고 있으면 아기는 양육자의 표정을 보고 장난감을 피할 수 있어

요. 이 시기에는 애착 행동이 분명해지면서 양육자를 찾고 양육자에게 기어가는 등 대인 관계 반응이 늘어납니다.

돌 전후 아기들은 '까꿍 놀이'나 '쎄쎄쎄' 같은 단순한 놀이를 할 수 있고, 친숙한 사람을 껴안고 어루만지는 등 주변 사람과의 사회적 상호 작용도 활발해져요.

출생부터 돌 전후까지의 사회·정서 발달 영역에서 가장 중요한 과업은 '애착 형성'입니다. 애착이란 아기와 양육자 간의 강한 정서적 유대감인데요. 애착 형성이 중요한 이유는 안정적인 애착 형성이 이루어져야 사회·정서 발달도 원만하게 이루어지기 때문이에요. 아이와 안정적인 애착을 형성하기 위해서는 양육자가 아기를 자주 따뜻하게 안아 주고, 아기의 욕구를 알아차리고 재빨리 반응하는 민감성이 필요합니다.

# 4 언어 발달

대부분의 사람들은 갓난아이는 아직 말을 하지 못하고 알아들을 수도 없다고 생각해요. 아이들은 태어나면서부터, 아니 이미 이전에 엄마 배 속에 있을 때부터 사람의 말소리를 비롯한 세상의 다양한 소리를 듣고 있어요. 태어난 시 1개월 된 아이들도 엄마의 목소리를 선호한다고 하지요.

영아들은 아직 언어 발달이 미숙하기 때문에 좋고 싫음이나 자기표현을 하기 어렵다고 생각할 수 있어요. 하지만 이 역시 그렇지 않습니다. 영아들은 자기표현의 모든 것을 '울음'으로 표현해요. 졸리거나 배고플 때, 쉬를 해서 기저귀가 축축할 때 등 자신의 불편함을 알리기 위해 응애응애 울지요.

민감한 부모라면 아이의 울음을 듣고 아이의 욕구를 빠르게 알

알아차릴 수 있어요. "어머, 우리 아육이 쉬했구나. 기저귀가 축축해서 불편해? 엄마가 얼른 기저귀 갈아 줄게! 뽀송뽀송~ 새 기저귀 하니까 어때? 편안하고 좋지? 아육이 표정이 밝아졌네." 이런 식으로 어린 영아와도 얼마든지 대화를 나눌 수 있지요. 아기들이 사람의 말소리를 인식하고 대화를 하는 궁극적인 목적은 결국 다른 사람과의 상호 작용, 의사소통이거든요. 영아기부터 이렇게 아기와 상호 작용 하는 것이 언어 발달의 초석을 다지는 일이라는 것을 꼭 기억해 주세요.

태어난 지 3개월 정도가 되면 아기들은 옹알이를 하기 시작해서 6~7개월 정도에는 다양한 높낮이의 소리를 내거나 자음과 모음을 결합한 형태의 "마마마마.", "아바바바." 하는 소리를 냅니다. 아기는 자신의 입으로 소리를 내는 것에 즐거움을 느끼기도 하고 나를 안고 눈을 맞추는 엄마 아빠와 대화를 나누고 싶어서 옹알이를 하기도 해요. 그러므로 아기의 즐거운 신호를 무시하지 말고 이에 반응해 주는 것이 좋습니다.

아기가 내는 소리나 옹알이를 엄마 아빠도 따라 하면서 비슷한 소리를 내도 아이에게는 좋은 놀이이자 자극이 되고, 아이가 "음마 마마." 하면서 엄마 눈을 맞추면 "우리 아육이 '엄마 엄마' 하고 말하는 거예요? 오늘 엄마랑 우리 아육이랑 뭐 하고 놀까? 까꿍 놀이 할까?" 하고 마치 아기와 대화를 나누듯 옹알이에 화답해 주세요.

이렇게 아이 눈높이에 맞춰 언어적인 자극을 주면 아이의 수용 언어 능력이 발달합니다.

태어난 지 6개월 된 아기는 엄마 아빠가 이름을 부르면 자기를 부르는지 알고 쳐다볼 수 있어요. 9개월 정도 되면 더 발전해서 언어 표현에 따라 간단한 제스처로 반응할 수도 있지요. "사랑해요, 안아 줘, 빠빠." 하면 아기들은 말소리만 듣고도 그에 맞는 제스처를 취할 수 있어요. 그래서 이 시기에 많이 연습시키는 것이 짝짜꿍, 죔죔, 곤지곤지 같은 전통 놀이지요. 이 시기 아기들의 개인기가 하나씩 늘어날 때마다 부모의 마음은 뿌듯해집니다.

돌 무렵 영아들은 '엄마, 아빠, 까까' 등 아주 친숙한 단어들을 완벽한 발음이 아니어도 표현하기 시작해요. 아직 표현할 수 있는 단어 수는 제한적이지만 그보다 훨씬 많은 낱말을 듣고 이해할 수 있지요. 돌이 지나면 안 된다는 말도 이해하기 때문에 아기가 위험한 행동을 하려는 순간 엄마 아빠가 "안 돼!" 하면 잠깐 멈칫하는 모습을 보여요.

돌 무렵을 '일어문(一語文) 시기'라고 하는데요. 이 시기는 아기들이 하나의 단어로 자신의 감정이나 욕구를 표현하는 때입니다. "엄마, 엄마, 엄마." 하고 부르는데, 상황에 따라 "엄마, 밥 주세요.", "엄마, 안아 줘요.", "엄마, 이리 와요." 등 '엄마'라는 한 단어에 여러 의미를 담고 있는 것이지요. 민감한 부모라면 아이의 한 단어만 듣고도 욕구를 알아차린 뒤 완전한 문장으로 연결해서 아이에게 다시 말해 줍니다. "오, 우리 아윤이 배고프구나. 엄마 배고파요, 맘마 먹고 싶어요?" 이렇게 아기가 듣고 이해하기 쉬운 간단한 문장으로 되돌려 말해 주면 아이는 자신의 욕구와 말을 연결해서 기억할 수 있어요.

Tip Page

0~15개월 아이를 위한 환경 조성

돌 전후 시기의 영아들은 사건의 인과 관계를 추론하거나 이해하는 인지 능력이 충분히 발달하지 못했어요. 돌 전까지는 언어 능력보다는 감각 및 운동 능력을 중심으로 발달하기 때문에 부모가 설명하는 내용을 이해하는 것도 어렵지요. 그래서 이 시기의 영아들은 발달에 적합한 환경을 조성해 주고, 주의를 전환하면서 훈육을 시도하는 것이 효과적이에요.

영유아는 기본적으로 안전하고 예측이 가능한 환경에서 양육해야 해요. 영아는 호기심이 넘치고 무엇이든 손을 뻗어 경험해 보기를 원하기 때문에 위험한 물건이나 유리처럼 깨지기 쉬운 물건은 아예 눈에 보이지 않는 곳으로 치우는 게 좋습니다. 전기 콘센트에는 커버를 씌워 두고, 가구의 뾰족한 모서리에는 스펀지를 덧대어 놓아야 해요.

아이의 행동을 무조건 제한하기보다는 다양한 활동과 경험을 할 수 있도록 안전한 환경을 조성하고, 그 안에서 아이가 호기심과 탐험을 마음껏 할 수 있도록 지지해 주는 게 좋습니다.

영아는 집중하는 시간이 매우 짧기 때문에 특정 활동이나 자극에 주의를 유지하는 것도 쉽지 않아요. 아기의 집중 시간이 짧다는 점은 훈육 과정에서 또 다른 훈육 스킬로 연결할 수 있어요. 이런 아기들은 부정적인 감정이 올라와 짜증 내고 울고 힘들어할 때 재빨리 다른 상황으로 전환할 수 있거든요. 영아들은 부정적인 감정을 스스로 조절해서 가라앉히는 능력이 발달하지 않았기 때문에 부모가 그 상황에서 빠져나올 수 있게 도와줘야 해요. 이때 주의를 새로운 대상이나 상황으로 전환하면 더 효과적으로 훈육할 수 있어요.

이 시기 아이들을 효과적으로 훈육하려면 영아 발달 특성에 맞는 환경을 조성하고, 주의를 전환하는 방법을 잘 사용해야 한다는 점, 꼭 기억해 주세요!

2

돌 전후 (0~15개월)
이럴 때는 어떻게 해야 할까?

식사 시간에 장난치는 아이

1단계	마음 읽기	이거 어떻게 될지 궁금했구나.
2단계	행동 제한하기	포크는 던지면 안 돼. 위험해.
3단계	주의 환기하기	어머, 이게 뭐지? 아윤이가 좋아하는 뽀로로다!

아기가 생후 4~6개월이 되어 이유식을 먹기 시작하면 부모는 훈육에 대한 고민이 깊어집니다. 아기가 이유식을 먹으면서 숟가락이나 물건을 계속 떨어뜨리고, 안 먹고 딴짓을 하기도 하며, 자리에 가만히 앉아 있지 못하는 등 수많은 난관이 기다리고 있으니까요.

수많은 난관 중 제일 먼저 자리에 앉히는 것부터 살펴봅시다.

우선 이유식을 시작할 때는 아기를 유아용 식탁 의자(하이체어)에 앉히는 게 좋아요. 거실 바닥에 상을 놓고 이유식을 시작하거나 양육자가 식탁 의자에 앉은 상태에서 아이를 안고 먹이는 경우도 있는데요. 처음부터 식탁에 아이의 자리를 마련해 주고 이유식을 시작해야 식사 루틴을 잘 잡을 수 있습니다.

아기가 점점 자라나 걷고 움직이게 되면 식사 시간에 한자리에 가만히 앉아 있지 못하고 자리를 계속 벗어나는 경우가 있는데요. 이렇게 자리를 이탈하는 것도 계속해서 훈육해야 할 문젯거리가 될 수 있어요. 아무래도 유아용 식탁 의자가 아닌 곳에서 식사를 하면 아이의 움직임이 자유롭다 보니 더 움직이고 싶고 다른 곳으로 가고 싶은 마음이 들 때 그 마음을 조절하는 게 어려울 수 있어요. 그러므로 처음부터 식탁 의자에 앉아 식사하는 걸 연습하도록 도와주세요.

이유식을 하는 시기에 부모가 힘들어하는 또 하나의 상황이 바로 숟가락을 던지는 행동일 거예요. 심지어 음식도 바닥으로 떨어뜨리지요. 이유식 묻은 숟가락을 바닥에 떨어뜨리면 음식물이 바닥뿐만 아니라 여기저기에 묻고, 부모의 입에서는 자연스럽게 한숨이 나오기 마련입니다. 그럴 때 어떤 분은 무섭게 "어허, 누가 밥 먹을 때 숟가락을 떨어뜨려!" 이렇게 외치며 혼내기도 하지요.

이 시기 아이들이 숟가락이나 음식물을 던지는 데는 다 이유가 있습니다. 자기가 숟가락을 떨어뜨리면 그게 바닥으로 떨어질 때 소리가 나는 게 신기하기도 하고, 또 떨어진 물건이 어디로 가는지 보면서 인과 관계를 파악하려고도 합니다. 단순히 장난치는 거라고만 생각했지요? 하지만 아이들은 장난과 놀이를 통해 많은 원리를 익히고 경험해요.

따라서 크게 위험한 물건이 아니라면 "이거 바닥에 떨어지는 게 궁금했구나." 하면서 아이의 마음을 읽어 주고, 간단한 말과 행동으로 던지면 안 된다는 걸 알린 다음, 아이의 주의를 다른 곳으로 전환하는 게 가장 효과적인 훈육 방법이에요. 위험한 포크 같은 물건이 아니라면 아이가 물건을 던지고 떨어지는 모습을 관찰할 수 있도록 조금은 허용하는 것도 괜찮아요.

이 시기의 아이들이 저지레하는 행동은 탐색하는 과정 중 하나이므로 '지금 이 시기에는 그럴 수 있지.'라고 생각하면서 마음을 편히 가지도록 노력해야 합니다. '밥 먹고 나서 닦으면 되지, 뭐.', '주워 주면 되지.' 하면서 스트레스를 덜 받는 것이 좋습니다.

그런데 만약에 아이가 숟가락을 떨어뜨리는 거에 너무 집중해서 밥을 안 먹는다면 더 이상 주워 주지 않는 것도 방법입니다. 노래를 부르거나 "어머, 이것 봐!" 하면서 주의를 다른 곳으로 환기하는 것도 좋아요.

초기 이유식 단계를 지나서 여러 음식을 맛보기 시작할 때는 음식의 식감을 직접 만져 보고 싶어서 손으로 주무르고 탐색할 수도 있어요. 또 아이가 혼자서 숟가락을 잡고 먹으려고 하는 시기도 있습니다. 이때 몇몇 분들은 아기가 아직 숟가락질이 서툴기 때문에 음식을 흘리면 성가신 일이 생긴다는 이유로 떠먹이기도 하는데요. 아이가 스스로 시도할 수 있게 충분히 기회를 주는 것이 아이의 자율성을 키우고, 운동 능력을 발달시키는 데 도움이 돼요. 이런 경우에는 저지레한 후에 치우는 걸 조금 더 수월하게 할 수 있는 턱받이나 일체형 토시 등을 입히는 게 도움이 됩니다.

아이에게 큰 위협이 되지 않는다면 아이가 충분히 탐색하고 경험할 수 있는 환경을 조성하는 게 아이 발달에 도움이 된다는 점을 꼭 기억하세요.

아이의 발달을 돕는 놀이

- **물건 떨어뜨리기 / 바닥에 굴리기 / 바구니 속에 넣기**
  평소에 아이와 함께 다양한 특성을 가진 장난감과 물건을 이용하여 높은 곳에서 떨어뜨리기 놀이를 해 봐요. 물건을 바닥에서 굴려 보기도 하고, 바구니 속에 넣는 놀이도 좋아요.

- **촉감 놀이**
  촉감 놀이는 아이들의 감각을 자극하므로 뇌 발달에 도움이 돼요. 식사 시간 외에 음식 재료를 한 가지씩 정해서 아이가 손으로 주무르고, 냄새도 맡아 보고, 맛도 보면서 충분히 탐색할 기회를 줘요.

다른 사람 때리거나
머리카락 잡아당기는 아이

1단계	마음 읽기	아빠랑 같이 놀고 싶구나.
2단계	행동 제한하기	그런데 때리면 안 돼. 아파.
3단계	주의 환기하기	저기 가서 ○○ 놀이 해 볼까? (또는) 여기 뭐가 있나?

두 돌 전 아이에 대한 훈육을 이야기하면, 가장 많은 부모가 고민하는 아이의 행동이 바로 '때리는 행동'이에요. 아이도 똑같이 아픔을 느껴 봐야 다른 사람을 때리지 않을 거라고 생각하고 아이의 행동을 똑같이 따라 하는 부모도 있습니다. 그런데 이 시기 아이들이 다른 사람을 때리고 당기는 이유는 상대방을 의도적으로 공격하려는 게 아니에요. 자신이 원하는 것, 욕구 등이 좌절되었을 때 그 감

정을 처리하고 조절하는 법을 모르기 때문이지요.

아이가 자라면서 자신이 원하는 것, 느끼는 기분을 말로 표현할 수 있게 되면 때리는 행동은 크게 줄어듭니다. 그렇다고 해서 클 때까지 마냥 기다리라는 뜻은 아니에요. 아이는 자신의 행동을 조절할 수 있도록 많은 훈련을 해야 합니다. 이 훈련은 부모의 훈육을 통해 가능하지요.

예를 들어, 식사 시간이 되었는데 떡뻥과 같은 과자를 계속 달라고 하는 아이가 있어요. 이때 줄 수 없다고 말하자 부모를 때리며 아이가 웁니다. 이럴 때 어떻게 해야 할까요?

먼저 아이의 욕구를 읽으면서 "과자 먹고 싶구나." 하고 말합니다. 그다음 "지금 밥 먹을 시간이라 과자는 못 먹어. 과자는 밥 먹고 먹자." 하고 제한을 해요.

훈육 상황에서 "과자 먹으면 몸에 나빠.", "아까도 과자 많이 먹었는데 왜 또 달라고 하니?" 하며 구구절절하게 말할 필요는 없어요. 이 시기의 아이는 간단한 말로 짧게 행동을 제한해야 합니다. 이렇게 제한해도 아이는 당연히 과자를 달라고 계속 울 수 있어요. 아이가 어느 정도 컸다면 '밥을 먹고 과자를 먹을 수 있다.'는 대안을 제시했을 때 받아들일 수 있지만, 돌 전후의 아이는 자기 욕구가 좌절된 것을 받아들이기 어렵지요.

그럴 때는 주의를 전환하는 방법을 사용합니다. 일단 과자가 안 보이는 곳으로 가는 거예요. 원하는 대상이 눈앞에 있으면 아이는 계속 먹고 싶은 마음이 들 수 있으니까요.

주의를 전환할 때는 아이가 좋아할 만한, 아이의 관심을 끌 만한 것을 재빨리 살피는 양육자의 능력이 필요해요. "어라? 아육이가 좋아하는 자동차가 여기 있네!", "오잉? 부스럭부스럭~ 여기 안에 뭐가 들어 있지?" 하며 아이의 주의를 '과자'에서 다른 것으로 전환하는 거예요. 그럼 이 시기의 아이들은 언제 그랬냐는 듯 과자를 잊고 새로운 것에 다시 주의를 기울일 수 있어요.

돌 전후 아이들이 때리는 행동을 하는 또 다른 이유는 '재미있어서'예요. 같이 놀자는 의미로 엄마 아빠의 얼굴을 찰싹 때리거나 누워 있는 양육자의 몸 위에 올라타 쿵쿵 내리찧는 행동을 하기도 해요. 아무리 어린 아기라지만 이렇게 맞고 나면 가끔 눈물이 찔끔 날 정도로 아플 때도 있고 '헉!' 소리가 나기도 합니다.

이럴 때 아기의 행동이 귀엽다고 그냥 넘어간다면 아이는 '이렇게 해도 되는구나.', '이렇게 하는 건 노는 거구나.'라고 학습하게 돼요. 따라서 이런 행동에도 훈육이 필요합니다.

"엄마랑 같이 놀고 싶은 거구나." 하고 아이의 욕구를 읽어 준 다음 "아야, 엄마 아팠어. 때리면 안 돼." 하고 제한합니다. 1, 2단계의 순서가 바뀌어도 괜찮아요. 아이가 더 커서 아플 때 '호~' 해 주는 행동을 할 수 있다면, 아이가 때려서 아팠던 부위에 "엄마 아팠어. 호 해 줘."하고 요구할 수도 있어요. 그런 다음 다른 놀이로 주의를 전환하면 됩니다. 양육자와 몸으로 놀고 싶어서 자꾸 치대거나 몸으로 부딪치는 아이라면 비행기 태우기, 손잡고 노래에 맞춰 춤추기, 어부바해서 흔들흔들해 주기 같은 수용할 수 있는 다른 신체 놀이로 주의를 전환해요.

몇 번 맞아 보면 아이가 언제 때릴지 감이 오는 순간도 있습니다. 그럴 때는 아이의 손을 잡고 때리지 못하게 해요. 머리카락을 잡아당기는 행동을 재미있어하는 아이들도 있으므로, 이럴 때는 양육자가 그냥 머리를 묶는 것이 좋습니다. 이미 그 행동이 일어나고 난 뒤에 훈육하는 것보다는 그런 상황이 벌어지지 않게 예방하는 것이 더 쉬운 방법이니까요.

③
콘센트를 만지는 등 위험한 행동을 하는 아이

1단계	마음 읽기	어떤 건지 궁금하구나.
2단계	행동 제한하기	그런데 아야야! 다쳐. 위험해.
3단계	주의 환기하기	여기 무슨 소리가 들리네? 한번 볼까?

태어난 지 7~9개월 된 아이들은 앉고 기면서 본격적으로 기동력이 생겨요. 이전에는 부모가 안아서 이동해 주는 대로 보았다면, 이제 아이 입장에서는 원하는 곳을 돌아다니며 곳곳을 살펴봅니다. 그래서 이 시기 아이들은 마치 호기심 많은 탐험가의 모습과도 같아요.

아이가 집 안 구석구석을 누비다가 콧구멍처럼 생긴 작고 동그란 구멍이 보인다면? 아이 입장에서는 그 구멍을 쑤셔 보고 싶은 게 당연한 욕구일 거예요. 특히 부모가 자주 머물러 있는 주방은 아이에게 신비의 세계입니다. 주방 수납장을 열면 반짝반짝 투명한 것도 많으니까 손으로 꺼내서 이리저리 굴려 보고 싶을 거예요. 이렇게 아이가 원하는 대로만 놀면 아이는 즐겁겠지만, 부모 입장에서는 위험천만한 순간이지요. 곳곳에 있는 콘센트 구멍, 주방에 있는 깨질 만한 그릇, 날카로운 칼과 가위 등을 아이가 행여 만지거나 다칠까 봐 부모는 한시도 눈을 뗄 수 없는 시기입니다.

이럴 때는 어떻게 해야 할까요? 아이에게 "위험해." 하며 단호하게 말하고 왜 위험한지에 대해 논리적으로 설명한들 이 시기 아이에게는 쇠귀에 경 읽기예요. 그렇다고 "위험해.", "안 돼."라는 말을 하지 말라는 얘기는 아니에요. 그러나 아이의 행동을 제지하는 데는 효과가 거의 없다는 말입니다. 이 시기에는 아이의 안전과 관련해서 부모가 항상 예의 주시하고, 계속해서 아이가 안전하게 탐험하고 놀이할 수 있는 환경을 조성해야 해요.

콘센트 구멍을 마개로 막고, 아이 손이 닿을 만한 곳에 묵직하거나 깨질 만한 물건이 있다면 치워야 합니다. 이 시기에는 아이들이 주방에 정말 많이 들어오고 싶어 해요. 이때도 아이의 안전과 놀이 욕구를 우선으로 하면서 현실적인 대안을 떠올려 볼 수 있어요. 양육자가 둘 이상일 경우에는 훨씬 수월하겠지만, 혼자서 아이를 돌봐야 하는 상황에서는 더 주의해야겠지요.

낮에는 불이나 칼을 이용한 조리 시간을 최소화하고, 깨질 수 있거나 날카로운 물건은 모두 아이 손에 닿지 않는 곳에 올려 두는 것이 좋습니다. 아이의 손이 닿을 만한 서랍장 한 칸을 아이용으로 만드는 것도 좋아요. 아이가 모두 꺼내서 가지고 놀 수 있도록 판을 깔아 주는 편이 낫습니다.

실제로 이 시기에 아이들은 국자, 주걱, 냄비 등 주방용품을 두드리는 놀이만으로도 꽤 즐거운 시간을 보낼 수 있어요. 흔한 생활용품들이 아이에게는 매력적인 놀잇감이 될 수 있답니다.

4
기저귀나 옷을 갈아입힐 때 거부하는 아이

1단계	마음 읽기	빨리 놀고 싶구나.
2단계	행동 제한하기	그런데 옷 먼저 입자.
3단계	주의 환기하기	오잉! 아윤이 발 한쪽이 쑤~욱 나오네요!

누워서 응애응애만 할 때는 비교적 쉽게 기저귀도 갈고 옷도 입히고 했지요. 그런데 아이는 하루가 다르게 성장하고, 그만큼 부모에게도 다양한 육아 미션이 생깁니다. 아이가 이미 유초등 시기를 보내고 있는 부모라면 가볍게 웃어넘길 수 있는 일이지만, 영아를 키우는 초보 부모에게는 기저귀 갈고 옷 입히는 일이 쉬운 일은 아니지요. 특히 아이가 뒤집기 시작하면 '뒤집기 지옥'이라는 말이 있을

정도입니다.

연신 몸을 뒤집는 아이를 고정시켜서 기저귀를 채우는 일, 위아래 옷을 꼼꼼하게 입히는 일은 초보 부모에게 어려울 수 있어요. 그 어려움은 경험자라면 모두 공감할 겁니다. 그런데 부모가 정신적으로 좀 힘들다고 해서 아이에게 가만히 좀 있으라고 소리를 지른다거나 엉덩이를 팡팡 때리는 것은 매우 곤란해요.

이 상황을 무사히 넘기려면 이 시기 아이의 발달 특성에 대해 이해해야 합니다. 이 시기 아이는 부모의 지시보다 자기가 당장 하고 싶은 것에 대한 욕구가 높아요. 이것을 먼저 인정하고 나면 화가 덜 날 겁니다. 기저귀 안 하고 달아나려고 할 때 우리 아이가 좋아하는 장난감으로 유인해서 주의를 전환할 수도 있고, 노래를 불러 주면서 재빠르게 기저귀를 입힐 수도 있어요.

옷 입힐 때 아이가 협조를 안 해 주고 꿈틀거린다면, 조금 과장된 목소리로 "어머머머! 우리 아율이 손 어디 갔지? 분명히 이쪽에 있었는데? 짜잔! 우리 아율이 손이 요기서 뿅! 나왔네? 그럼 다른 손은 어디에 있을까요? 짜잔!" 이렇게 아이의 주의를 다른 곳으로 얼른 돌리면 아이는 새로운 놀이나 재밋거리에 집중할 수 있어요.

아이가 기저귀와 옷 입기를 거부하기 이전에 좀 더 수월하게 갈아입힐 수 있는 환경을 미리 갖추는 방법도 좋습니다. 기저귀는 입히기 쉬운 팬티형 기저귀를, 옷은 단추가 적고 복잡하지 않은 것으로 준비하는 겁니다. 신축성이 좋은 티셔츠와 조이지 않는 바지를 입히면 비교적 쉽고 빨리 갈아입힐 수 있지요.

'우리 애는 왜 이렇게 나를 힘들게 하지?'라고 생각하거나 "제발 가만히 좀 있어 봐!" 하고 반응하는 것은 육아 우울증의 굴레로 갈 수 있으니 특별히 조심해야 해요. 이런 모습도 아이가 성장하는 하나의 과정임을 깨닫고 기분 좋게 받아들인다면 한결 나아질 겁니다.

아이를 데리고 외출할 예정이라면, 외출 준비 시간을 충분히 가지는 것도 좋은 방법입니다. 보통 6개월 정도부터 문화 센터도 나들이도 자주 가지요. 그런데 나갈 시간에 맞춰 준비하려고 하면 돌발 상황이 발생하여 제때 나가지 못할 수도 있어요. 아이가 기저귀나 옷 입기를 거부하면 부모의 마음은 조급해지고 화도 나겠지요. 그러므로 나가기 전에 미리 외출 가방을 챙겨 놓고, 옷도 다 입고, 아이가 입을 옷도 꺼내 놓아요. 나갈 시간이 가까워지면 부모의 마음이 조급해져서 아이의 행동을 더 예민하게 받아들이는 경우가 많지요. 그러므로 시간의 여유를 충분히 가지는 것이 아이와 부모 모두에게 도움이 됩니다.

여기서 분명한 사실은 이 시기도 금방 지나간다는 거예요. 아이의 생활 속에서 아이가 해도 되는 행동, 안 되는 행동에 대한 일정한 기준은 분명히 있어야 하지만요. 이러한 기준 외에 부모가 기다려 줄 수 있는 부분은 인내심을 발휘하며 기다려 주고, 아이가 스스로 할 수 있는 부분을 지지해 준다면 우리 아이가 잘 발달할 수 있을 거예요.

 **아이의 발달을 돕는 놀이**

- **까꿍 놀이**

  아이가 기저귀를 안 하고 달아나려고 할 때 까꿍 놀이를 하면서 재빠르게 기저귀를 입혀요. 조금 과장된 목소리로 "어머! 우리 아윤이 손 어디 갔지? 짜잔! 우리 아윤이 손이 요기서 나왔네! 그럼 다른 손은 어디에 있을까요? 짜잔!" 이렇게 하면 자연스럽게 아이의 주의를 전환할 수 있어요.

5
큰길에서
손을 안 잡고 가려는 아이

1단계	마음 읽기	혼자서 가고 싶구나! (또는) 손잡기 싫구나.
2단계	행동 제한하기	여기는 차가 많아서 위험해. 손잡아야 해.
3단계	대안 제시하기	저기 나무 앞까지만 간 다음에 아육이 혼자 가자.

돌 즈음 되면 아이는 두 발로 걷기 시작해요. 호기심 많은 아이는 이곳저곳을 활발히 탐색하지요. 아직은 걸음이 서툴 때라 여기저기 부딪히기도, 넘어지기도 해요. 심지어 큰길에서 부모가 아이의 손을 잡고 걸어가려고 하면 마구 뿌리치고 혼자 가려는 아이들이 있습니다.

 이때도 손잡기 싫고, 혼자서 가고 싶은 아이의 욕구를 먼저 읽어 주세요. "지금 혼자 가고 싶은 거지.", "손잡기 싫은 거야." 하고요. 그렇지만 아이의 안전 때문에 제한이 꼭 필요한 상황이니 단호하게 제한을 말해 줍니다. "차가 많아서 위험해. 여기서는 손잡는 거야.", "사람이 너무 많아서 엄마 잃어버릴 수 있어. 손잡아." 하고요.

그런데 아이는 자유롭게 혼자서 걷다가 엄마 손을 잡는 게 달가울 리 없을 거예요. 그럴 때 재빨리 아이의 손을 잡고 "저~기 길 끝에 알록달록한 저건 뭐지? 우리 얼른 가 보자!", "저기 나무 앞까지만 간 다음에 아육이 혼자 가 보자~!" 하고 주의를 전환하거나 대안을 제시할 수 있어요.

아이가 그래도 손을 잡지 않으려고 하면 이때는 별수 없습니다. 찻길이나 사람이 너무 많다면 위험할 수 있으니 재빨리 아이를 안고 안전한 곳으로 가야 해요. 아이를 안고 가면서 아이의 주의를 끌 만한 것을 찾아 주의를 환기하는 것도 좋습니다.

이런 일이 자주 반복되면 아예 외출하기 전에 아이에게 미리 일어날 수 있는 상황에 대해 설명해 주세요. "밖에 나가면 구경하고 싶은 게 많지? 빵방도 있고, 새도 지나가고. 그런데 밖에 나갔을 때 엄마 손 안 잡으면 아육이가 차에 꽝~ 부딪힐 수 있거든. 차가 많은 큰길에서는 엄마 손 꼭 잡자~!" 하고 여러 번 이야기해 주세요. 그리고 실제로 외출했을 때 아이가 양육자의 손을 잘 잡았다면 "우리 아윤이, 엄마랑 한 약속 잘 지켰구나~!" 하고 아이를 칭찬해 주세요.

또 한 가지, 걸음마를 막 시작한 아이는 세상 모든 것이 궁금하고 재미있을 거예요. 평소에 아이가 스스로 주변 환경을 탐색할 수 있도록 충분한 기회를 주세요. 돌 전후 아이들 훈육에서 중요한 것 중 하나가 '할 수 있는 것'과 '할 수 없는 것'을 구분하는 것이에요. '우리 집 근처 산책길에서는 엄마 손을 안 잡고 갈 수 있구나.', '이렇게 차가 많고 모르는 사람이 많은 곳에서는 엄마 손을 잡아야 하는 거구나.'라고 아이가 구분해서 인식하는 거지요.

이것저것 탐색해 보고 싶은 아이에게 이러한 기회를 충분히 주지 않고, 모든 곳에서 행동을 제한하기만 한다면 아이가 제한을 받아들이기 어려울 뿐만 아니라 넓은 세상을 보고 배워 나갈 기회도 줄어들 거예요.

6
손에 잡히는 대로
어지럽히는 아이

1단계	마음 읽기	이거 빼내고 싶었구나. (또는) 이거 가지고 놀고 싶었구나.
2단계	행동 제한하기	그런데 이거는 위험해.
3단계	주의 환기하기	이 서랍 안에는 뭐가 들어 있을까? 짜잔!

아이가 돌쯤 되면 부모는 한시도 아이에게서 눈을 뗄 수 없어요. 부모가 잠깐 한눈판 사이에 서랍 속 온갖 물건을 다 꺼내 놓기도 하고, 책장에 있는 책도 모두 꺼내 놓지요. 어느샌가 화장실에 들어가 있거나 현관 앞까지 이동하고, 더러운 물건이나 신발을 입에 넣고 있을 때도 있어요. 한창 세상에 대한 호기심도 생겨나고 스스로 움직이는 능력도 얻은 상태라 아이들은 매 순간 새로운 대상을 탐

색하려고 합니다.

　이 시기에는 아이가 안전한 경계선 안에서 자유롭게 탐색하는 환경을 만들어 주는 것이 중요해요. 청결이나 정리 정돈에 민감한 부모라면 아이의 자유로운 탐색 활동이 부모의 마음을 힘들게 할 수 있어요. '아이고, 옷 더러워져서 어쩌나.', '집이 너무 더러워지는 것 같아.', '돼지우리가 따로 없네.' 하면서 마음이 힘들 수 있어요. 그런 마음은 조금 접어 두고 아이의 발달을 위해 자유로운 탐색이 가능한 환경을 제공해야 합니다. 창의성 연구에 따르면 너무 정돈된 환경보다는 조금 흐트러진 환경에서 새로운 아이디어를 더 많이 낼 수 있다는 결과도 보고되거든요.

　아이의 안전에 위협이 되지 않는 선에서 아이에게 어떻게 자유로운 탐색 환경을 만들어 줄 수 있을까요? 예를 들어 아이가 서랍을 열어서 서랍 속 물건을 모두 꺼내는 활동에 빠져 있다고 상상해 봅시다. 이 상황에서 부모는 아이가 서랍을 열지 못하도록 잠금장치를 설치하기보다는 아이가 열고 싶어 하는 서랍 속 물건을 손이 닿지 않는 장소로 옮기고, 대신 아이가 편하게 꺼내도 되는 물건을 서랍 속에 가득 채워 넣을 수 있어요. 책장에 책을 다 빼놓는 경우에도 아이 손이 닿는 칸까지는 책의 권수를 조금 줄이거나 중요하지 않은 책으로 채워 넣을 수 있지요.

　집 안 구석구석 헤집고 다니는 아이 덕분에 부모는 청소를 더 열심히 해야 하는 상황이 됩니다. 어른들 눈에는 보이지 않는 작은 먼지들도 아이들은 귀신같이 찾아내서 입에 넣기도 하니까요.

안 된다고 무조건 제지하기보다는 아이의 탐색 활동을 부모와 함께하는 놀이로 바꿔도 좋아요. 예를 들어, 책장에서 책 빼는 걸 좋아하는 아이라면 엄마나 아빠가 같이 책을 빼는 것만으로도 함께하는 놀이가 될 수 있어요. 저희 아이도 어릴 적에 책장에서 책을 엄청 많이 빼냈는데, 아빠가 "아이고~ 아빠가 더 많이 빼야겠다!" 하면서 같이 빼면 더 신나서 (돌고래 소리도 내면서) 놀았답니다.

평소에 아이가 저지레하는 것을 보고 너무 스트레스받지 말고 '이 활동을 어떻게 놀이로 바꿀 수 있을까' 생각의 전환을 해 봐요. 그러다 보면 스트레스도 덜 받고, 새로운 놀이와 놀잇감을 발견할 수 있을 거예요.

- **꼬마 탐험가**
  서랍이나 책장에서 물건 빼는 것을 좋아하는 아이라면 자유롭게 탐색할 수 있도록 손에 닿는 곳에 안전한 물건을 채워 넣어요. 물건을 막대기로 두드리면서 소리를 들어 보거나 높이 쌓는 놀이도 도움이 돼요.

3장

나의 세상이 점점 커져요

새싹 단계 | 두 돌 전후 (15~30개월)

1

두 돌 전후 (15~30개월)
이렇게 발달해요!

신체 발달

이제 아이들은 혼자서도 잘 걸어 다닙니다. 활발하고 성미가 급한 기질의 아이들은 엄마 아빠 손을 탁 뿌리치고 뛰어가지요. 그러나 아직은 균형이 안정적이지 않아 잘 뛰지 못하기 때문에 항상 부모가 예의 주시해야 해요.

두 돌 전후인 이 시기는 부모가 체력적으로 정신적으로 많이 힘들고 지칠 때예요. 특히 에너지 넘치고 활발한 기질의 아이라면 한시도 가만있지 않고 여기저기 다니고, 만지고, 점프하고, 기어오르기 때문에 부모는 몸과 마음의 준비를 단단히 해야 합니다.

이 시기 아이들은 신체 능력도 좋아지지만 자율성 발달에도 매우 중요한 시기이므로, 아이들이 자유롭게 뛰놀고 에너지를 분출할 수 있도록 하루에 한 번 이상 바깥 놀이를 하는 것이 좋아요.

바깥 놀이라고 해서 거창하고 부담스러운 것을 이야기하는 게 아니에요. 집에서 가까운 공원에 데려가 산책을 하거나 놀이터에 가서 놀이기구를 신나게 타는 것도 좋아요. 놀이터에 모래놀이, 흙 놀이를 할 만한 곳이 있으면 더욱 좋겠지요.

만약 바깥 놀이를 할 여건이 안 된다면 실내 놀이터나 집에서 놀이 매트나 놀이 텐트 등을 이용하여 아이들의 대근육 발달을 도울 수 있어요.

18개월 이후로는 소근육이 더 발달해서 엄지와 집게손가락으로 사물을 집을 수 있습니다. 이전의 아기들은 궁금한 것은 뭐든 입으로 넣으려고 했다면, 이 시기의 아이들은 사물을 손으로 만지고 두드려서 탐색하는 모습을 보여요. 블록 놀이도 많이 하지요. 처음에는 쌓고 무너뜨리는 행위를 반복하는 것에 흥미를 느끼다가 점차 높이 쌓으려고 합니다. 그런데 블록을 쌓다가 와르르 무너지면 아이는 좌절하고 분노하기도 해요. 여러 번의 시행착오를 통해 아이들은 소근육도 발달시키고 정서 조절력도 키우게 됩니다.

이 시기에 다양한 블록을 쌓고 끼우면서 아이가 유능감과 숙달감을 키울 수 있도록 격려해 주세요. 또 조작할 수 있는 장난감을 구비해서 버튼 누르기, 데굴데굴 바퀴 굴리기, 저금통에 동전 넣기 등 소근육 발달을 돕는 다양한 놀이를 아이와 함께 즐기세요. 소근육을 정교하게 발달시키는 데는 그림 그리기, 가위로 오리기, 점토

주무르기 등도 좋습니다.

   이 시기부터 글자를 읽고 쓰게 하는 것은 물에 뜨지 못하는 아이에게 수영을 가르치는 것과 같아요. 이후에 아이들이 읽기, 쓰기 활동을 잘하려면 소근육, 눈-손 협응 능력이 충분히 발달해야 합니다.

   아이들에게 도화지와 색연필, 물감을 주고 자유롭게 표현할 수 있도록 안내해 주세요. 그리기 도구를 처음 손에 쥔 아이들의 모습은 마냥 어설프지만, 그래도 괜찮습니다. 색연필을 올바르게 쥐는 법을 알려 줘도 아이는 잘 따르기 어렵지요. 아이들은 색연필이나 붓을 쥐고 휘두르다가 우연히 점도 찍고 선도 그릴 거예요. 이 시기에 그리기 활동을 '끼적이기'라고 하지요. 두 돌이 지나면서는 손목에 힘이 더 생겨서 흐릿했던 선이 진하고 굵어져요. 수평선도 그리고 수직선도 그리다가 어느 날은 꼬불꼬불 곡선도 그리게 됩니다.

2
인지 발달

두 돌 무렵의 아이들은 다른 사람과 구별되는 '나'라는 존재를 인식하면서 자아가 형성되고 이에 대한 이해 수준이 높아져요.

이 시기에 하는 발달 테스트 중 '루즈 테스트'라는 것이 있습니다. 이 실험은 아이가 거울 속 '나'의 모습을 자신의 모습으로 인식하고 있는지 알아보는 건데요. 방법은 아주 간단해요. 아기 코에 루즈를 몰래 바르고 거울을 보여 주는 거예요.

 만약 거울에 비친 모습이 본인이라는 걸 안다면 자기 코에 묻은 루즈를 닦아 낼 수 있어요. 만약 거울에 비친 모습이 자기 자신이라는 걸 모른다면 거울 속 아기 코를 만지거나 거울을 보면서 웃기만 하면서 놀겠지요. 이렇게 '나'의 존재를 인식하기 시작한 아이들은 눈을 통해 들어오는 시각 정보를 다양하게 처리하고 수집하는 능력이 발달했으며, 정보의 추상적인 의미도 추론하는 능력이 발달했다는 것을 의미해요.

아이들은 주변 환경에서 일어나는 행동과 언어를 끊임없이 모방하면서 학습하고, 다양한 상황에서 습득한 능력을 활용하기 시작해요. 그래서 '애 앞에서는 찬물도 함부로 못 마신다.'라는 말도 있지요. 엄마, 아빠가 했던 말과 행동을 기억했다가 기가 막힌 타이밍에 따라 하는 걸 보면 놀라우면서도 '아차!' 싶은 순간도 생깁니다. 이처럼 이 시기 아이들은 관찰한 행동이나 언어뿐만 아니라 맥락도 함께 기억하고, 유사한 상황에서 기억했던 행동이나 언어를 따라 할 수 있어요. 이는 상황과 맥락을 파악하는 능력, 기억 능력도 발달했다는 것을 의미하지요.

신체 발달이 정교하게 발달하면서 자기 스스로의 행동을 조절하고 통제하는 능력도 함께 발달하기 시작해요. 아이들은 스스로 간단한 문제를 해결하고, 상황에 따라 적절한 대처 방법을 찾는 능력도 발달하지요. 만약 먹고 싶은 과자가 식탁 위에 있다면 바로는 손이 닿지 않으니까 의자 위로 올라가서 과자를 꺼내기도 하고, 원하는 장난감을 찾기 위해 장난감 바구니를 마구 뒤지기도 해요. 원하는 것을 하기 위해서 언어적으로 의사를 표현할 수도 있고, 행동으로도 수행할 수 있는 능력이 발달해요.

3

사회·정서 발달

이제 아기들은 애착 대상을 안전 기반으로 삼고 세상을 마음껏 탐색합니다. 독립적인 욕구가 강해져서 뭐든지 내가 하겠다는 모습을 보이기도 해요.

13~18개월이 되면 대상 영속성이라는 개념이 서서히 생겨요. 대상 영속성은 아기들의 사회·정서 발달에 아주 중요한 개념이에요. 눈앞에 당장 엄마가 보이지 않아도 어딘가에 있다는 것을 아는 것이지요. 반대로 생각해 봤을 때 아직 대상 영속성이 완전하지 않은 아기들은 눈앞에 엄마가 안 보일 때 그만큼 두려운 마음이 들 수 있다는 거예요.

16~24개월을 재접근기라고 하는데요. 이 시기 아이들은 엄마로부터 독립하고자 하는 욕구와 아직은 세상이 두려워 의존하려는

욕구가 충돌하여 심한 분리 불안 증상을 보이기도 해요. 그래서 어린이집에 잘 가다가 갑자기 안 가겠다고 하기도 하고, 뭐든지 혼자 하려고 했다가도 어느 순간 엄마 옆에 붙어서 떨어지지 않으려고 하고, 이랬다저랬다 하는 모습을 보여요.

이때 많은 부모가 '이제 슬슬 자기 고집이 생기나?', '훈육으로 이 고집을 꺾어야 해.' 하고 생각하기도 하는데요. 이 시기 아이들에게 필요한 것은 양육자의 정서적 지원입니다. 아이가 이랬다저랬다 하고 짜증 내는 것은 아이도 세상에 혼자 나가 나름대로 고군분투하며 도전과 실패를 겪느라 힘들다는 것이거든요. 그래서 그 감정에 양육자가 함께 동요되기보다는 아이에게 엄마가 항상 든든한 버팀목으로 곁에 있다는 사실을 알려 주는 것이 중요해요.

또 이 시기 아이들은 자아 개념이 점점 발달하며 자신의 감정을 언어로 표현할 수 있어요. 노여움이나 슬픔 같은 감정이 들었을 때 눈살을 찌푸리거나 입술을 굳게 다물거나 깨무는 정서 조절 전략도 씁니다. 이 시기 아이들에게 양육자가 아이가 느끼는 감정을 말로 반영해서 "블록이 잘 안 끼워져서 화가 났구나.", "스스로 블록을 높이 쌓은 게 뿌듯하구나."와 같은 반응을 많이 해 주면 아이 자신의 감정뿐만 아니라 다른 사람의 감정을 잘 이해하는 데 도움이 됩니다.

24개월쯤 되면 앞서 이야기한 대상 영속성이 완전히 형성되는데요. 이 개념이 형성되면 아기들은 엄마가 눈앞에 보이지 않아도 다시 돌아온다는 것을 이해할 수 있어요. 따라서 주 양육자와 분리된 상황에서도 이전보다 훨씬 더 잘 견뎌 냅니다.

사회성도 많이 발달해서 이 시기 아이들은 친구에게 관심을 보이고 다른 사람이 하는 행동을 따라 하는 모습을 보여요. 놀이하는 모습을 보면 사회성의 발달을 엿볼 수 있는데요. 처음에는 혼자 말하고 혼자 노는 단독 놀이를 하다가, 점차 주변에 또래가 있는 것을 인지하며 관심을 갖기도 해요. 하지만 또래와 상호 작용은 하지 않는 병행 놀이의 수준으로 발달합니다.

이 시기 아이들은 아직 규칙에 대해서 잘 이해하지 못하고 갈등 상황에서 자기중심적으로 생각하는 경향이 강해요. 그러므로 친구들과 함께 있을 때 무작정 사이좋게 놀라고 하기보다는 양육자가 함께 참여해서 놀거나 갈등이 생길 때 적절히 중재해야 합니다.

4

언어 발달

아이는 일어문 시기를 지나 빠르게 어휘를 습득해요. 빠르면 18개월 정도에 두 단어를 조합해서 말하지요. 이전에 "엄마.", "까까.", "맘마." 등의 어휘를 따로 말했다면 이제는 "엄마 맘마.", "엄마 까까.", "엄마 줘." 이렇게 아이 입장에서는 주요 단어를 붙여 말해요. 언어 모방 능력도 크게 발달하므로, 가까운 사람이 언어 행동의 좋은 모델이 돼야 해요.

이 시기 부모들이 많이 털어놓는 고민 중 하나가 "아이가 '아이씨'라는 말을 해요. 어떡하죠?"인데요. 이런 문제는 대부분 양육자 중 한 명이 일상에서 자기도 모르게 "아이씨!" 하는 모습을 보고 아이가 따라 하는 경우가 많습니다. 이 시기 아이들은 말로 표현하는 것보다 이해하는 정도는 더 커요. 아이 앞에서 보여 주는 부모의 언어 습관이 어떤지 한 번쯤 꼭 되돌아보아야 해요. '아이가 안 듣겠지?' 하고 다른 사람에게 무심코 아이에 관한 아쉬움을 이야기하거나, 다른 사람의 험담을 하거나, 욕설을 하는 것은 안 됩니다.

언어 발달 초기에는 주로 명사 위주로 어휘를 익히는데요. 18개월이 지나면서 아이의 인지 능력도 발달하고 '안아, 와, 가, 줘' 등의 동사 표현도 익숙해지면서 문장으로 구사하려는 시도가 많이 이루어집니다. 이 시기에 아이들이 많은 어휘를 익힐 수 있도록 일상에서 다양한 언어 활동을 격려해 주세요.

두 돌이 지난 아이는 모든 사물에는 이름이 있다는 것을 알게 돼요. 또 부모가 아이의 눈과 귀가 머무는 곳을 언어로 표현해 주면 잘 듣고 기억하고 따라 말하려고 합니다. 이미 아이들은 완벽한 언어 학습자인 것이지요.

이 시기 아이들은 여전히 조음 기관이 미숙하기 때문에 아직 어려운 발음들이 있어요. '할아버지'를 '하부지'라고도 하고 '하부'라고도 해요. '사과'를 '아과'라고 하더니 '타과'라고 합니다. 이런 모습마저도 부모 눈에는 너무 귀여울 겁니다.

귀엽다고 해서 부모나 주변 어른들이 아이의 발음을 따라 하고 깔깔 웃으면 어떤 아이는 자신을 놀린다고 생각해 화를 내기도 해요. 반대로 아이의 발음을 지적하면서 정확하게 발음할 것을 강압적으로 요구하면, 이 역시 아이가 위축되고 말을 하는 데 흥미와

동기가 떨어질 수 있으니 주의해야 해요. 아이가 조금 다르게 발음했더라도 부모는 아이가 말한 문장을 다시 정확한 발음과 문장으로 되돌려 들려주면 됩니다.

이 시기에 언어 발달을 촉진하는 또 하나의 방법은 아이와 그림책을 보면서 교감하는 거예요. 아이는 자신이 겪을 법한 일상생활 이야기들이 그림책에 나오면 더 집중해서 듣고 볼 수 있어요. 이 시기 아이들이 한창 관심 갖는 동물, 공룡, 탈것에 관한 주제의 그림책도 몰입할 수 있어요.

일상생활에서 부모와 말하고 상호 작용을 하는 데에 사용되는 어휘는 사실 그리 많지 않습니다. 그러나 그림책을 활용하면 더 다양한 어휘를 접할 수 있고, 문법에 맞는 문장 구조를 경험하지요. 무엇보다 그림책을 보면서 부모와 함께 관심을 공유하고 시선을 일치시키는 것이 상호 작용의 과정이고, 그것이 언어 발달의 궁극적인 목적이라는 점, 잊지 마세요!

2

두 돌 전후 (15~30개월)
이럴 때는 어떻게 해야 할까?

1

다른 사람을 때리거나 무는 아이

1단계	마음 읽기	친구가 장난감을 가져가서 화가 났구나.
2단계	행동 제한하기	그런데 친구를 때리면 안 돼. 친구 아파.
3단계	대안 제시하기	그럴 땐 "이거 내 거야." 하고 말하는 거야.

두 돌 전후의 시기는 아이에게도 부모에게도 쉽지 않은 시기입니다. 둘째, 셋째를 키우는 부모라면 '그렇지. 이 시기 아이는 아직 정서 조절이 쉽지 않지.', '18개월! 그래 힘들었지. 그래도 다 지나갈 거야.' 하며 마음의 여유가 있을 수도 있어요. 그러나 이제 막 육아를 시작한, 첫아이를 키우는 부모에게는 산 넘어 산이지요.

특히 이 시기에 부모가 가장 많이 하는 고민은 단연 '다른 사람을 때리고 무는 아이를 어떻게 훈육해야 할까?'일 겁니다. 어린이집에서 친구와 장난감을 함께 사용하다 보면 친구가 내 장난감을 가져갔다는 이유로 친구를 때리는 경우가 있어요. 형제가 있는 가정에서는 아이들이 치고받으며 싸우는 상황이 일어나기도 하지요.

같은 상황이어도 돌 전 아기들에게는 본격적인 훈육보다는 주의를 전환하는 방법을 사용했어요. 그러나 두 돌 전후로는 아이에 따라서 말로 자기의 요구를 전달할 수 있고, 부모의 언어적 설명을 이해하는 정도가 조금 더 발달합니다. 그러므로 이 시기부터는 본격적으로 아이에게 옳지 못한 행동과 옳은 행동을 분명히 알려 주고 바람직한 행동을 가르쳐야 해요.

예를 들어, 친구와 함께 장난감을 가지고 노는 상황을 상상해 봅시다. 그런데 내가 가지고 놀던 장난감을 다른 친구가 말없이 가져간다면? 몇몇 아이는 그길로 달려가서 친구를 때립니다. 이렇게 아이가 때리거나 울고 소리 지르는 급박한 상황에서는 제일 먼저 공격 행동을 멈추게 해야 해요. 아이의 손을 얼른 잡고 "안 돼!", "때리면 안 되는 거야!" 하고 제지한 다음에 훈육 3단계 원칙을 실행해도 됩니다.

먼저 "아육아, 친구가 장난감을 가져가서 화가 났구나." 하고 아이의 감정을 읽어 주는 것은 여전히 중요합니다. 아이의 행동이 비록 잘못되기는 했지만, 아이도 그렇게 행동하는 데는 나름의 이유가 있으니까요. 이렇게 감정을 먼저 읽어 주면 '엄마 아빠는 네 마음을 충분히 알고 있어.', '그런 마음이 드는 것은 자연스러운 거야.'라는 인상을 줍니다. 이는 자신이 부모로부터 공감을 얻었다고 느끼며 폭발한 감정을 누그러뜨리는 데 도움이 되지요.

이렇게 아이의 마음을 읽은 뒤 "그런데 친구를 때리면 안 돼. 친구 아파." 하고 때리는 행동 자체에 대해서는 반드시 제한해야 합니다. 그러고는 "그럴 땐 '이거 내가 먼저 하던 거야.' 하고 말해야 해." 하며 대안 행동, 즉 바람직한 대처 행동을 알려 주어야 해요.

이 과정이 가능하려면 아이가 "이거 내 거야."를 말할 수 있어야 해요. 똑같은 18개월 아이라도 아직 언어 발달이 미숙하다면 두 돌 이전의 방법인 주의를 전환하는 훈육법이 더 효과적입니다. 아이의 발달 상황에 따라 더 효과적인 전략을 사용하세요.

만약 아이가 언어 능력이 충분히 발달하여 "이거 내 거야."라고 표현할 수 있어도, 이 과정이 한 번에 효과를 발휘할 거라는 기대는 하지 않도록 해요. 아이들은 대부분 절대 한 번에 되지 않거든요. 천 번, 만 번 반복해서 가르치고 연습해야 하는 아주 기나긴 과정입니다.

아이가 때리는 대상은 친구뿐만이 아니지요. 엄마, 아빠도 피해자가 되는 경우가 많습니다. 돌 전에는 아기가 어쩌다 머리를 잡아당기거나 얼굴을 때린다 해도 허허 웃어넘겼던 분들도 이제 더 이상은 허허 웃어넘기기 어려워요. 다른 사람 보기에도 어딘가 부끄럽고, 또 우리 아이가 이러다가 나중에 공격적인 사람으로 크면 어쩌나 걱정이 되기도 하지요. 물론 미리 걱정하고 지레 겁먹을 필요는 없습니다. 앞서 설명한 것처럼 우리 아이만의 문제라기보다는 이 시기의 아이들이 발달 과정에서 자연스럽게 거치는 모습이니까요. 이런 미숙한 행동을 바람직하고 사회화된 행동으로 수정하는 과정이 양육이고 교육입니다. 그러니 이 시기를 소홀히 해서는 안 되겠지요.

24개월 아기가 자기가 원하는 것을 안 해 주거나 자기랑 놀아주지 않고 쉬고 있는 엄마 아빠를 때리는 상황을 상상해 봅시다. 이럴 때는 아이에게 어떻게 훈육하면 좋을까요? 아이는 지금 분명히 욕구가 있는 상황입니다. 이 욕구를 먼저 알아주고 표현해 줘야 훈육의 첫 단추를 잘 끼울 수 있어요. 이 상황을 3단계 실전 훈육에 적용해 볼까요?

1단계	마음 읽기	엄마 아빠랑 놀고 싶었구나.
2단계	행동 제한하기	그런데 때리면 안 돼. 엄마 아파.
3단계	대안 제시하기	그럴 땐 "놀자." 하고 말하는 거야.

각 집안에서 상황마다, 부모마다 대안을 제시하는 것은 달라질 수 있어요. 아이가 아직 말이 서툴다면 "그럴 땐 '놀자' 하고 말하는 거야."라고 말로 대안을 제시하기보다는 "우리 블록 놀이 할까?" 하고 주의를 전환하면서 동시에 아이 욕구를 해소하는 데 집중할 수 있어요.

아무리 아이가 때렸어도, 아이에게 맞으면 엄마 아빠도 아프거나 기분이 나쁠 수 있어요. 이때 부모님의 그 욱하는 마음은 공감합니다. 하지만 그렇다고 아이에게 "너도 한번 맞아 봐!" 하고 똑같이 때린다거나 "엄마 때렸으니까 안 놀아 줄 거야!"라고 한다면 어떨까요? 아이는 아이대로 더 울고 떼쓰고, 부모는 기분이 나쁜 채로 무거운 공기가 감도는 하루를 보내겠지요.

우리가 훈육을 하는 목적을 다시 생각해 보면, 아이가 성장함에 따리 부정적인 감정을 스스로 조절하고 적절한 방식으로 표현할 수 있게 가르치는 거예요. 그런데 그걸 가르치려는 부모가 감정을 조절하지 못하고 욱하거나 삐치고 화내는 모습을 보인다면 어떻게 될까요? 우리 아이들은 바람직한 모델을 보고 배울 수가 없어요. 그러므로 부모는 감정 조절, 행동 통제를 새로 배우고 익힌다는 마음으로 훈육에 임해야 합니다.

한편, 아이의 욕구가 있다고 해도 아이가 원하는 대로 해 줄 수 없는 경우도 있어요. 예를 들어 아이가 식탁 위의 유리컵을 만지려고 했는데 못 만지게 해서 엄마 아빠의 머리를 때렸다면, 이런 상황에서는 다음과 같이 말할 수 있겠습니다.

1단계	마음 읽기	이 컵 만지고 싶었구나. 이 컵이 궁금했구나. 컵을 못 만지게 해서 화가 났구나.
2단계	행동 제한하기	그런데 이건 깨질 수 있어서 위험해. 화가 난다고 때리면 안 돼.
3단계	대안 제시하기	(안 깨지는 컵을 주며) 이 컵은 만져도 돼. (주의를 환기하며) 그 대신 우리 공놀이하자!

엄마 아빠, 이런 말은 안 돼요!

- 누가 이렇게 엄마를 때려? 너 아주 못됐구나. (비난)
- 네가 아빠 때리면 나도 너랑 안 놀 거야. (협박)
- 감히 엄마를 때려? 너도 맞아 볼래? (협박)
- 벌써부터 엄마를 때리네. 아주 깡패구나. (비난)
- 지금 이게 화낼 일이야? 네가 잘못한 일인데? (감정 무시)

이런 말과 행동은 더욱 조심해요!

다른 친구가 물건을 던지거나 때려서 우리 아이가 당했을 때 "너도 같이 때려."
아이가 친구에게 맞았다는 이야기를 들으면 부모의 마음은 정말 속상합니다. 그렇지만 아이들은 크는 중이에요. 실수나 잘못을 바로잡고 사회적으로 적절한 행동을 학습하는 중이지요. 아무리 부모의 감정이 상한다고 해도 아이에게 보복을 해도 된다는 메시지를 전달하면 안 돼요.

아이가 귀엽다고 발바닥이나 엉덩이를 찰싹 때리거나 앙 무는 행동
간혹 어른 중에는 아이가 예쁘다고 볼을 꼬집거나 엉덩이를 찰싹 때리는 등의 행동을 아무렇지 않게 하는 경우가 있어요. 이 시기의 아이들은 어른의 행동을 가치 판단 없이 모방하기 때문에 나중에 정말 고치기 어려운 습관이 될 수 있어요.

아이가 떼를 쓰거나 지시에 따르지 않을 때 머리를 콩 쥐어박는 등 체벌하는 행동
가볍게 터치하는 정도라고 생각되더라도 아이를 향한 체벌은 절대 하면 안 돼요. 아이가 성장하면서 부모의 행동을 그대로 답습할 확률이 높습니다.

돌부리에 걸려 넘어졌을 때 돌을 떼찌 떼찌 하는 행동
아이가 넘어지면 아프고 놀란 마음을 공감해 주고, 넘어지지 않도록 조심하거나 다친 무릎을 치료하는 등의 문제 해결적 사고를 배워야 해요. 그런데 "어휴, 나쁜 돌! 떼찌 떼찌!" 하며 돌을 탓하는 시늉을 하면 아이는 자신의 잘못을 돌아보거나 이후 조심해야겠다는 생각을 못 할 수 있어요. 또한 어떤 문제가 생겼을 때 남 탓을 하거나 문제를 회피하는 태도를 강화할 수 있으니 주의하세요.

2

마트에서 드러눕는 아이

1단계	마음 읽기	이 장난감 갖고 싶구나. 이 장난감이 궁금했구나.
2단계	행동 제한하기	그런데 오늘은 장난감 사는 날이 아니야. 오늘은 사 줄 수 없어.
3단계	대안 제시하기	아윤이가 좋아하는 과자를 한 가지 고를 수 있어. 저쪽에 물고기랑 꽃게를 만나러 가 보자!

마트는 아이들에게 아주 매력적인 곳이에요. 맛있는 음식, 알록달록한 물건, 거기다가 아이들이라면 쉽게 지나칠 수 없는 장난감 코너도 있지요. 마트에서 원하는 물건을 사 주지 않는다고 떼쓰거나 바닥에 드러눕는 행동은 이맘때 아이를 키우는 부모라면 흔히 겪는 일이에요. 심지어 주변 사람들의 시선까지 느껴지면 부모는 진땀이 나면서 마음이 너무나 불편하지요.

그렇다고 하여 아이가 원하는 물건을 모두 사 줄 수는 없습니다. 떼쓰고 소리 지르는 아이를 조용히 시키려고 "이번만이야!" 하고 사 준다면 아이는 '아, 이렇게 하면 장난감을 살 수 있구나.' 하고 배우거든요. 그럼 이럴 때는 어떻게 해야 할까요?

마트에서 아이가 장난감을 발견하고 부모에게 사 달라고 조르는 상황을 상상해 봅시다. 이때도 훈육의 3단계는 동일해요. 아이의 욕구와 감정을 읽어 주는 것부터 시작하는 거예요. 이 상황에서 아이는 '장난감을 갖고 싶다.'는 욕구와 '장난감을 갖고 싶은데, 안 된다고 해서 화난다.'는 감정을 느꼈을 거예요.

아이의 욕구와 감정을 수용하는 것과 행동을 수용하는 것은 별개입니다. 양육자가 아이의 욕구와 감정이 무엇인지 파악하고, 아이도 양육자가 내 마음이 어떤지 알고 있다고 생각하면 훈육 단계가 조금 더 원활하게 진행될 거예요.

부모가 "이 장난감 갖고 싶구나." 하고 아이의 마음을 읽어 줬다면, 이제는 행동에 대해 제한을 합니다. "오늘은 장난감 사는 날이 아니야.", "장난감 사 줄 수 없어." 하고 단호하게 얘기해요. 이럴 때 단번에 "네, 알겠어요."라고 말하는 아이는 거의 없을 겁니다. 아이가 소리 지르고 떼쓰고 "장난감 사 줘~! 사 줘!" 하며 바닥에 드러눕기까지 한다면 아이는 이미 너무 흥분해서 부모의 그 어떤 말도 제대로 듣지 못할 거예요.

만약 마트에 사람이 별로 없다면, 양육자의 말을 들을 수 있을 정도로 아이가 진정될 때까지 기다립니다. 주변에 피해가 가는 상황이라면 아이를 안고 사람이 드문 한적한 곳으로 데려가고요. 그러고 나서 아까와 같은 이야기를 한 번 더 할 수 있어요. "장난감 안 사 준다고 해서 화가 많이 났구나." 하고 마음을 읽어 준 뒤, 단호하게 "그런데 오늘은 장난감 사 줄 수 없어." 하고 제한해요. 그다음 "저기 과자 코너에 가서 아윤이가 좋아하는 거 한 가지 고를 수 있어."라고 대안을 제시합니다.

과자가 아니고 과일이나 아이가 평소에 먹고 싶어 했던 간식이어도 좋아요. 수산 코너에 물고기를 만나러 가자고 제안할 수도 있지요. 일단 장난감이 눈앞에 없어진 상태에서 아이가 어느 정도 진정되면 양육자의 다른 제안을 좀 더 잘 받아들일 수 있을 거예요. 그런데도 계속 떼를 쓰고 쉽게 진정되지 않는다면 그때는 별수 없이 아이를 데리고 마트에서 나와야 해요.

이런 일이 자주 반복된다면 마트에 가기 전에 미리 약속을 하고 가는 것도 좋은 방법이에요. "우리 이따가 장 보러 마트에 갈 건데, 거기서 장난감을 사지는 않을 거야. 그 대신 우리 가족이 먹을 음식을 살 건데, 아윤이가 맛있는 걸로 골라 줘." 하는 것이지요. 마트에 갔을 땐 아이가 고른 식재료를 담으면서 "아윤이가 골라 준 거라 정말 맛있겠는걸~?" 하고 서로 기분 좋게 이야기를 나눠 봐요.

평소 아이가 좋아하는 작은 장난감이나 간식을 가방 속에 챙겨 놓았다가 마트에서 아이가 떼를 쓸 때 주의를 쉽게 전환할 수 있도록 대비하는 방법도 있어요.

이런저런 방법이 모두 안 통한다면 아이의 조절 능력이 어느 정도 자랄 때까지는 아이와 마트에 가지 않는 것도 좋아요. 이 시기 아이들은 자신의 감정과 행동을 조절하는 게 미숙해서 그런 것이니, 시간이 지나면서 차츰 이런 행동은 줄어들 거예요.

놀이터에서 집에 안 가려는 아이

1단계	마음 읽기	엄청 재미있게 놀았는데 집에 가기 아쉽구나.
2단계	행동 제한하기	그런데 이제 우리 집에 갈 시간이야.
3단계	대안 제시하기	내일 또 재미있게 놀자. 미끄럼틀 두 번만 더 타고 가자.

놀이터는 아이들이 감각을 통합하고 조절하는 능력을 키우기에 아주 좋은 연습 공간이에요. 또한 놀이터에서 놀다 보면 아이들 사이에 크고 작은 갈등이 많이 일어나잖아요. 그렇기 때문에 아이가 규칙 지키기와 사회성을 배울 기회가 많은 곳이기도 해요. 아이들이 놀이터에서 매일 즐겁게 놀다가 들어오면 좋을 텐데, 집에 갈 시간이 다 되었는데 안 가겠다며 우는 아이들이 있지요.

집에 갈 때마다 안 간다고 울고 떼써서 힘들게 하는 아이라면, 부모가 꼭 확인해야 할 것이 있어요. '아이가 충분히 만족할 만큼 놀이터에서 놀았는가'입니다. 아이마다 개인차는 있지만 대부분 1시간 이상은 놀아야 아이들은 충분히 놀았다고 느끼거든요.

아이들 입장에서 충분히 놀지 못했는데 집에 가자고 하면 당연히 부정적인 반응이 나올 수밖에 없습니다. 아이들의 놀고 싶은 욕구가 충분히 채워지지 않아서 일어나는 상황일 수 있지요. 만족할 만한 놀이 시간은 아이마다 달라요. 어떤 아이들은 30분만 놀아도 충분히 만족해서 집으로 쉽게 돌아가지만, 어떤 아이는 1시간을 놀아도 만족하지 못할 수 있어요. 따라서 우리 아이의 에너지 수준에 맞는 놀이 시간을 확보하는 게 가장 좋은 방안입니다.

만약 부득이하게 조금밖에 놀지 못하는 상황이라면 놀이터에 가기 전에 서서 아이에게 사정을 충분히 설명해야 해요. "오늘은 우리가 저녁에 약속이 있어서 놀이터에서 30분만 놀 수 있어. 평소보다 일찍 집에 와야 해." 하고 이유와 함께 설명하는 거예요.

그리고 집에 돌아갈 시간이 되기 전에 놀 수 있는 시간이 얼마나 남았는지 아이에게 미리 알리는 것이 중요해요. 어린아이들은 아직 시계를 보지 못하지만, 갈 시간이 얼마 남지 않았고 이제 놀이를 마무리해야 하니 마음의 준비를 해야 한다는 것을 알려 주는 것이지요. "아윤아, 우리 이제 집에 갈 시간이 10분 남았어. 마지막으로 어떤 거 하고 놀지 정하고 곧 집에 가자." 하는 거예요. 그러고 나서 "아윤아, 이제 집에 가야 해~! 마지막으로 미끄럼틀 한 번 타고 갈까? 아니면 그네 열 번 왔다 갔다 하고 갈까?" 하면서 가기 전 마지막 놀이도 하게 합니다.

이렇게 미리 다음 상황을 알려 주는 것이 중요한 이유는 아이 입장에서 한참 재미있게 놀고 있는데 갑자기 부모가 와서 "아윤아, 우리 지금 가야 해!" 하면서 놀이가 중단되면 얼마나 속상하겠어요. 아무리 어린아이라고 해도 아이에게 다음 상황을 미리 알려 주고 예측하게 도와주는 과정이 필요하지요.

그런데 이런 걸 모두 했는데도 두 돌 무렵의 아이는 떼를 쓰면서 집에 안 간다고 할 수 있어요. 아직은 자기 조절이 미숙하고, 상황을 이해하고 온전히 받아들이는 게 어려울 테니까요. 결국 아이가 자기 욕구가 좌절되는 상황에서 스스로 감정 조절을 하고 상황을 받아들일 수 있도록 꾸준히 연습한다고 생각하는 게 좋아요.

아이가 집에 가지 않겠다고 떼쓰고 우는 경우에는 먼저 아이의 감정과 욕구를 읽어 줘야 해요. 놀이터에서 더 놀고 싶고 집에 가기 아쉬운 아이의 마음을 알아주는 거예요. 놀이터뿐만 아니라 친구네 집, 키즈 카페, 쇼핑몰 등 아이가 더 머무르고 싶어 하는 장소에서 모두 적용할 수 있어요. "아윤아, 엄청 재미있게 놀았는데 집에 가기가 아쉽구나. 그런데 우리 이제 집에 갈 시간이야. 다음에 와서 또 재미있게 놀자." 이렇게 얘기해 줍니다.

그래도 아이가 계속 떼를 쓴다면 별다른 수는 없어요. 번쩍 안고 이제 집으로 가야 합니다. 만약에 안고 버둥거리는 게 감당이 안 되는 조금 큰 아이라면 "엄마는 이제 집으로 가야 해." 하고 가방을 챙기는 등 집으로 가는 시늉을 취하는 거예요.

이때 집으로 가는 내내 아이가 울고 소리 지를 수 있어요. 이럴 때는 집으로 가는 길에 다른 화젯거리를 꺼내며 주의를 환기해 봐요. "우리 저녁에 어떤 거 먹을까? 먹고 싶은 거 있어?" 하면서 대화를 시도할 수 있고, "아까 놀이터에서 아윤이 그네 엄청 높이 올라가더라. 무섭지 않았어?" 하면서 주의를 환기하는 거예요. 아이가 울고 짜증 내고 있지만 그러면서도 결국 집으로 가고 있잖아요. 집으로 가는 길에 아이를 토닥토닥 달래면서 기분 좋게 놀이터 방문을 마무리해 봐요.

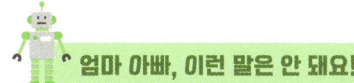
엄마 아빠, 이런 말은 안 돼요!

- 넌 꼭 놀이터만 오면 엄마를 힘들게 하더라? 왜 매번 약속을 안 지켜? (비난)
- 이렇게 하면 다시는 놀이터 안 올 거야. (협박)
- 봐 봐! 다른 친구들은 집에 잘 가잖아! 너는 왜 그래? (비교)

4
식당에서 소리 지르거나 돌아다니는 아이

1단계	마음 읽기	밖에 나와서 밥 먹으니까 기분 좋구나.
2단계	행동 제한하기	그런데 식당에서는 쉿! 조용해야 해.
3단계	대안 제시하기	이번엔 무슨 반찬 먹을까? 이거 먹자!

이 시기 아이들은 이리저리 돌아다니고 다 만지며 한시도 가만히 있지 않지요. 이런 아이들과 외출해서 밥을 먹는다는 것은 미션 임파서블처럼 느껴집니다. 그렇지만 이 역시도 아기가 어리다고 마냥 덮어 둘 수는 없지요. 같은 식당에서 밥을 먹는 다른 사람들에게 여간 미안한 일이 아니니까요.

상황이 이렇다 보니 요즘에는 식당에서 영상을 보며 밥을 먹는 아이들이 많아요. 영상을 틀어 주면 아이들이 얌전히 밥을 먹어 주변에 피해를 안 주니까요. 그런데 이 방법은 아동 전문가의 입장에서 봤을 때 좋은 방법이 아닙니다.

식당에서 시끄럽게 떠들고 돌아다니는 아이의 행동을 영상으로만 해결하려고 하면, 그 아이는 나이를 먹어도 식사 예절이나 맛있게 음식을 먹는 감각 등을 경험하고 배우기 어려워요. 또 아이들의 연령이 높아질수록 점점 스마트폰에 대한 의존이 높아지는 것은 더 큰 문제가 됩니다. 그러므로 식당에 갈 때 아이들에게 영상을 보여 주는 건 미봉책에 불과하다는 것, 결국 부메랑처럼 아이 발달에 또 다른 어려움으로 돌아올 수 있어요.

그렇다면 이 시기 아이들과 어떻게 하면 식당에서 단란하게 밥을 먹을 수 있을까요? 안타깝게도 방법은 없습니다. 이 시기 아이들과 식당에서 밥을 맛있게, 여유롭게 먹을 수는 없어요. 이것을 전제하고 식당에 가야 어려움을 조금 더 수월하게 받아들일 수 있습니다. 만일 이것이 싫다면 당분간은 외식을 자제하고 집에서 드시는 것이 더 현명한 선택일 거예요. 그런데도 우리 아이와 식당에 가서 밥을 먹어야 한다면, 부모 둘이 한 팀이 되어 역할 분담을 하면 좀 더 효과적으로 외식할 수 있어요.

우선 음식이 나오기를 기다리는 동안 아이가 지루하지 않을 환경을 조성해야 해요. 아이와 함께 손잡고 식당 내부를 둘러보면서 탐색해 보아요. 큰 쇼핑몰 같은 곳이라면 식당 밖에서 시간을 보낼 공간이 많이 있을 텐데, 주문한 음식이 나오기 전까지 최대한 식당 밖을 구경하는 데 시간을 할애하는 것이 좋습니다.

만일 아이와 외부로 나갈 수 없다면 미리 식당에서 가지고 놀 수 있는 놀잇감을 준비하는 것도 좋은 방법이에요. 끼적이기 활동이 가능한 아이라면 종이와 색연필을 준비해서 시간을 보낼 수도 있지요. 말랑말랑한 스펀지 같은 장난감이나, 식당에 있는 냅킨을 접었다 펼치기, 까꿍 놀이 등 집에서 아이가 재미있게 즐겼던 놀이를 함께하며 시간을 보낼 수도 있어요.

음식이 나오기 전까지 무사히 잘 보냈다면, 이제 본격적으로 식사를 해야 할 텐데요. 식사하는 장소를 정할 때 되도록 유아용 식탁 의자가 있는 곳으로 가는 게 좋습니다. 그리고 식사 메뉴를 고를 때도 고기를 굽거나 코스로 먹는 곳보다는 한 번에 음식이 나오는 메뉴를 선택하는 것이 좋아요. 아이가 사용하는 수저, 포크, 젓가락, 턱받이 등을 미리 챙겨 가면 더 편안하게 식사에 참여할 수 있으므로, 아이가 식사에 집중하는 데 도움이 돼요.

이런 상황에서는 부모의 팀플레이가 중요해요. 한 명이 아이의 식사를 챙기는 동안 다른 한 명이 좀 더 빠르게 식사를 마치고 교대를 하면 좋아요. 둘 다 아이를 챙기느라 식사를 제대로 못 하면 기분도 나빠질 수 있거든요.

물론 둘이서 번갈아 가며 돌봐도 아이들이 얌전하게 먹진 않겠지요. 갑자기 돌고래 소리를 낸다거나 의자에서 내려와 돌아다니려고 할 수 있어요. 이때에도 반드시 단호하게 가르쳐야 합니다. 아이가 소리를 크게 지르면 "우리 아윤이 밖에 나와서 밥 먹으니까 기분 좋구나." 하고 먼저 아이의 감정을 읽어 준 다음 "그런데 식당에서는 쉿! 조용해야 해." 하고 제한도 해 줍니다. 그러고 나서 "아윤이 이번에는 무슨 반찬 먹을까? 계란 먹자." 이렇게 주의를 전환해 주세요. 음식으로 주의가 전환되면 좋겠지만 그렇지 않다고 해도 주변에 다른 사물이나 미리 챙긴 장난감으로 주의 전환을 시도해 볼 수 있어요.

그런데 만약 아이가 소리를 계속 지르거나 의자에서 계속 빠져나오려고 한다면, 그때는 별수 없지요. 부모도 배가 차지 않고, 아이도 배불리 먹지 않았지만 그냥 식당 밖으로 나오거나 한 사람씩 교대로 아이를 데리고 나갔다 오거나 해야 합니다.

겨우 이 정도의 방법밖에 없느냐고 아쉬워하실 수도 있겠습니다. 하지만 식당에서의 식사 예절은 세 돌 전 아이들에게는 참으로 어려운 일이에요. 한자리에 가만히 앉아서 먹는 행위에 집중해야 하고, 갑자기 불쑥 큰 소리를 내서도 안 되며, 돌아다니면서 장난을 칠 수도 없으니까요. 이 부분은 다음 장 세 돌 이후 훈육에서 좀 더 구체적이고 현실 가능한 방법을 소개하겠습니다.

5
놀이하다가 마음대로 안 되면 우는 아이

1단계	마음 읽기	블록이 잘 끼워지지 않아서 화가 났구나.
2단계	행동 제한하기	그렇지만 블록 던지는 건 안 돼. 짜증 내지 않고 하고 싶은 말은 말로 할 수 있어.
3단계	대안 제시하기	그럴 땐 "엄마 도와주세요."라고 말할 수 있어. 그럴 땐 "이게 잘 안돼서 화가 나."라고 말할 수 있어.

하고 싶은 것은 많으나 뜻대로 되지 않을 때 아이들은 짜증이나 울음으로 표현할 수 있어요. 이맘때 아이들은 아직 내가 원하는 것, 또는 내 감정을 언어로 세련되게 표현하는 것이 어렵습니다. 특히 블록 놀이를 하다가 짜증 내는 아이들이 참 많은데요. 블록을 끼고 빼고 할 때 꼬물꼬물 아이들의 손가락 힘으로는 쉽지 않은 경우들이 있어서 더욱 그렇지요. 심지어 아이가 생각한 대로 잘되지 않

으면 블록을 던지기도 해요. 이렇게 아이가 물건을 던질 때 어떻게 대처해야 하는지 묻는 부모님들이 참 많습니다.

블록 놀이 할 때 아이가 짜증을 내는 이유는 어떤 것들이 있을까요? 아마도 아이는 무언가를 멋지게 만들고 싶은데 생각만큼 잘 되지 않아서 화가 나고 속상할 거예요. 그런 아이의 마음을 먼저 양육자가 언어로 표현해 주세요. "블록이 잘 끼워지지 않아서 화가 났구나.", "아윤이가 생각한 대로 잘 안돼서 속상한 것 같네." 하고 말이지요. 이렇게 부모가 아이의 감정을 말로 읽어 주면 아이는 그 순간 '내가 지금 느끼는 기분이 화난 기분이구나.', '속상한 기분이구나.' 하고 자신의 기분에 대해서도 알 수 있어요.

만약 아이가 장난감을 던지는 등 해서는 안 될 행동을 했다면 "그렇지만 블록 던지는 건 안 돼." 하고 제한을 합니다. 만약 짜증 내거나 울면서 양육자가 위로해 주길 바란다면 잠시 안아서 토닥토닥 달랠 수도 있어요. 그리고 나서 "울거나 짜증 내지 않고 하고 싶은 말은 말로 할 수 있어." 하고 얘기할 수 있어요. 아이의 감정은 이해해 주지만, 양육자에게 짜증 내거나 우는 대신 말로 기분을 표현할 수 있다는 것을 알려 주는 거예요.

어떻게 표현해야 할지도 예를 들어 알려 줍니다. 짜증 내거나 우는 행동의 대안으로 "그럴 땐 '이게 잘 안돼서 화가 나.'라고 말하는 거야.", "그럴 땐 '이 블록 잘 안 끼워져요. 도와주세요.'라고 말해도 좋아." 하고 대안을 이야기해 줄 수도 있어요.

아이가 울거나 짜증 내면 부모의 감정도 같이 동요할 수 있어요. "징징거리지 좀 마.", "울지 말고 똑바로 얘기해." 하고 아이의 태도에 초점을 맞추기보다 아이가 무엇을 원하는지에 먼저 귀 기울여 주세요. 아이도 부모가 자신의 말에 귀 기울인다고 생각하면 점차 진정하고 말을 할 거예요. 그러고 나서 아이에게 "그렇게 말로 이야기해 주니까 아윤이가 뭘 원하는지 잘 알겠네.", "엄마는 아윤이가 이렇게 말로 해 주니까 훨씬 듣기 좋아!" 하고 칭찬해 주세요. 적절한 행동을 했을 때 부모가 긍정적으로 반응해 주면 아이는 다음에도 좋은 행동을 하려고 노력할 거예요.

 엄마 아빠, 이런 말은 안 돼요!

- 그렇게 짜증 낼 거면 그냥 그거 갖고 놀지 마. (협박)
- 징징거리지 말고 얘기해. (비난)

6
해 달라고 해서 해 줬는데 되레 짜증 내는 아이

1단계	마음 읽기	네가 원하는 게 이게 아니었어? 그래서 속상했구나.
2단계	행동 제한하기	그렇다고 해도 화내고 소리 지르면 안 돼.
3단계	대안 제시하기	엄마가 도와줄 테니까 아욱이가 다시 한번 해 보자.

두 돌 무렵의 아이들은 자아 개념이 강해지면서 "내가 할 거야! 내가! 내가!" 하는 '내가병'이 나타납니다. 이 시기 아이들은 신체가 발달하면서 자기 능력과 독립성을 키우며 학습해요. 발달심리학자 에릭 에릭슨은 만 2~3세에 자율성을 획득하는 것이 중요한 발달 과업이라고 했어요. 그 정도로 이 시기 아이들은 뭐든 "내가, 내가!"를 입에 달고 살지요. 이때 자율성이 잘 발달해야 만 3~5세 때

아이의 주도성도 잘 키울 수 있어요.

자율성과 주도성을 잘 갖춘 아이는 당연히 자존감이 높고, 또래 관계나 학습 상황에서도 긍정적인 모습을 보여요. 그래서 이 시기에는 위험하지 않은 일이라면 아이가 스스로 해 볼 수 있도록 격려해 주고 그에 대한 책임감을 키울 수 있게 도와줘야 합니다.

이 시기에 많이 일어나는 갈등 중 하나는 아이가 스스로 시도하려고 할 때 부모가 섣부르게 도와줘서 시작되는 갈등이에요. 아이는 스스로 직접 해 보고 문제를 해결해 보고 싶은데, 만약 엄마 아빠가 중간에 끼어들어 해결한다면 그 이후에는 울고불고 난리가 나는 상황이 자주 펼쳐집니다. 예를 들어, 엘리베이터 버튼을 아빠가 눌렀다고 울고, 바나나 껍질을 까서 줬다고 드러눕고, 겉옷 지퍼를 잠가 줬다고 뒤집어지기도 해요.

많은 부모가 도 닦는 심정으로 아이의 자율성을 키워 주기 위해 노력하지만, 힘든 순간이 아주 많습니다. 아이들은 "내가! 내가!" 하면서 스스로 하려고 하지만, 소근육이 아직 충분히 발달하지 않았기 때문에 어른이 보기에는 많이 어설프고 때로는 위험해 보이기도, 불안해 보이기도 하지요.

부모가 나서서 한 번에 해결하고 싶은 욕구를 누르며 아이 스스로 하기를 기다려 주는데, 아이가 먼저 도움을 요청하기도 해요. 이때 부모는 한꺼번에 해결하려는 마음을 가라앉히고 한 박자 쉬어야 합니다. 아이들은 스스로 하고 싶은 욕구가 마음 바탕에 깔려 있지만, 정말 도저히 안 되는 순간에 부모에게 도움의 손길을 내밀 거든요.

이때 부모가 '아이고 잘됐다! 기다리다 속 터질 뻔했는데 빨리 해 줘야지!' 생각하며 재빨리 문제를 해결해 주면 아이들은 큰 좌절감을 느낄 수 있어요. 내가 스스로 하고 싶은데 잘 안되고, 그런데 엄마나 아빠는 너무나 쉽게 잘 해내는 걸 보면 더 속상하겠지요. 아이가 도와달라고 해서 도와줬는데 앞서 설명한 이유로 아이는 울고불고 짜증 내는 경우가 있어요. 이럴 때는 어떻게 반응해야 할까요?

"아니! 도와달라고 해서 해 줬는데 왜 울고 난리야! 조용히 해!" 하면서 아이에게 욱하기보다는 아이의 마음에 공감부터 해 줍니다. "아~ 아윤이가 원하는 게 이게 아니었어? 네가 해 보고 싶은데 잘 안돼서 속상했구나." 하면서요. 그러고 나서 아이가 원하는 걸 파악한 뒤 다시 시도할 수 있지요.

예를 들어 아이가 양말을 혼자 신어 보려다가 "엄마, 잘 안돼. 도와줘." 해서 양말을 신겨 줬는데 울고 짜증 내는 상황이라고 상상해 봅시다. "아윤아, 우리 양말 다시 한번 신어 볼까? 엄마가 아윤이 발가락만 살짝 넣어 줄게. 나머지는 아윤이가 혼자 해 볼래?" 하면서 아이가 스스로 시도하도록 도와주는 거예요.

자율성이 발달하고 있는 이 시기의 아이에게 도움을 줄 때 필요한 능력 중 하나는 아이가 스스로 하고 싶어 하는 일을 해낼 수 있도록 '약간의 도움'을 주는 거예요. 이때는 '과제 분석'이라는 능력이 필요해요. 특수교육학 용어로 잘 알려진 과제 분석은 수행해야 하는 과제를 작은 하위 단계로 쪼개는 것인데요. 아이들이 새로운 기술을 배우고 습득할 때 유용해요.

예를 들어, 아이가 스스로 양말을 신는 행위도 작은 단계로 나눌 수 있어요. 양말 안에 발을 넣는다, 발뒤꿈치까지 발을 다 넣는다, 양말을 발목 위로 끌어 올린다, 발가락을 양말 끝에 잘 맞추어 정리한다, 이런 식으로요.

아이가 양말에 발은 잘 넣는데 발뒤꿈치에 끼우는 건 잘 못한다면 부분적으로 도움을 줄 수 있어요. 이렇게 하면 아이가 처음부터 끝까지 양말을 혼자 다 못 신더라도 아이가 할 수 있는 단계가 몇 개는 있을 테니까요. 그럼 아이 입장에서는 작은 성취를 맛보면서 '어려워서 포기하고 싶다'는 마음보다 '자꾸 연습해서 나 혼자 더 많이 해 보고 싶다'는 동기가 생길 수 있어요.

아이가 어떤 과제를 할 때마다 하기 싫어하고 짜증 내고 힘들어한다면 아이의 발달 수준에 비해 그 과제가 좀 어려운 게 아닐지 한번 생각해 봐요. 현재 단계보다 조금 더 낮은 단계가 무엇일지 고민해 보는 것이지요. 아이가 스스로 수행 가능한 지점을 찾아서 시도하도록 도와주면 아이도 성취 경험을 쌓을 수 있고 스스로 도전하는 일이 많아질 거예요.

 **엄마 아빠, 이런 말은 안 돼요!**

- 아니 왜 도와줬는데도 짜증을 내. 이런 식으로 하면 다신 안 도와줄 거야. (협박)
- 네가 혼자 할 수 있으면 혼자 해 봐. 짜증 내지 말고! (비난)
- 다른 애들은 다 잘하는데, 왜 너는 그거 하나 못해서 안달이야. (비교)

7

카 시트에 앉기를 거부하는 아이

1단계	마음 읽기	그래, 너도 카 시트가 답답하고 불편하지?
2단계	행동 제한하기	그래도 카 시트가 널 안전하게 보호해 줄 거야.
3단계	주의 환기하기	짠! 아윤이가 좋아하는 토끼 인형이 여기 있네! 저기 아윤이가 좋아하는 경찰차가 지나가네!

두 돌 전후의 아이를 키우는 부모라면 아이가 카 시트를 거부하는 상황을 한 번쯤 경험했을 거예요. 영아기에 점잖게 잘 앉아 있던 아이들도 갑자기 카 시트를 거부하고 안 타겠다며 울고불고하면 부모는 무척 당황스럽지요.

카 시트는 아이의 안전과 직결됩니다. 그러므로 타협의 여지도 없지요. 아이가 카 시트에 앉았을 때 착석감이 불편한지, 아이가 옷을 너무 덥게 입었는지, 창문에 햇빛이 강하게 들어오는지 등을 확인하여 환경 조성으로 해결할 수 있는 요소들을 먼저 점검해야 해요.

점검을 꼼꼼하게 했지만 결국 아이가 카 시트의 벨트가 답답해서 거부하는 상황이라면, 이것은 아이가 시간을 두고 적응해야 하는 것임을 염두에 두고 단호한 태도를 취해야 해요. '단호한 태도'라는 것이 꼭 근엄한 표정을 하고 혼내듯 말하라는 것은 아니에요. 아이의 불편한 감정을 수용해 주고, 최대한 불편함을 잊을 수 있는 다양한 방법을 시도하는 것이지요. 부모가 카 시트를 거부하는 아이를 혼내진 않더라도, 순순히 카 시트에서 빼 주지는 않는 거예요. 이 상황을 통해 아이들은 카 시트는 꼭 이용해야 하는 것임을 깨우칠 수 있어요.

카 시트가 불편하다고 울고 떼쓸 때 무조건 "이건 너의 안전을 위해 꼭 매야 하는 거야."라고만 말하면 아이 입장에서는 강압적으로 느껴져 더 큰 울음과 떼를 유발할 수 있어요. 그런데 부모도 운전해야 하는 중요한 순간에 아이가 크게 울면 정말 힘듭니다. 그러다가 화가 나서 "왜 울어!", "그만 울어!" 하고 화를 내거나 소리 지르면, 이 역시 부모가 좋은 모델을 보여 주지 못하는 거예요.

이때 아이 마음을 읽어 준다면 어떻게 말할 수 있을까요? "그래, 너도 이게 답답하고 불편하지." 하고 말할 수 있어요. "그래도 카 시트가 널 안전하게 보호해 줄 거야", "카 시트는 꼭 해야 해." 하고 제한을 합니다. 이러한 제한은 결국 아이들이 사회를 살아가면서 반드시 지켜야 하는 규칙이에요. 아이들이 내면화해야 하는 것이니 타협할 수 없는 부분입니다.

차에서 아이의 주의를 분산하기 위해 아이가 좋아하는 인형과 함께 타거나, 아이가 좋아하는 노래를 듣는 것도 좋은 방법이에요. 차를 타서 재미있는 이야기를 하거나 창밖 풍경에 대해 설명하는 것도 좋습니다.

부모에게는 아이가 울고 난리 치는 상황을 담담하게 버티고 지나갈 수 있는 태도가 필요합니다. 도저히 안 되는 상황에서는 어쩔 수 없다는 것도 인정해야 하지요. 이 시기 아이와는 타협이 전혀 안 될 수 있으니까요. 또 부모가 아무리 노력해도 계속 울고불고하며 그야말로 뒤집어져서 통제가 안 될 수도 있어요. 이럴 때는 부모도 이 상황을 받아들이고 아이의 송곳 같은 울음소리를 참고 도착지까지 인내하며 가는 강한 정신력을 발휘해야 합니다. 그러면 부모로서 훌륭히 역할 수행을 한 것이니 매끄럽게 해결되지 않았다 해도 너무 낙심하지 마세요. 시간은 흐르고, 아이는 자라고, 결국 해결될 부분입니다.

8. 형제자매와 갈등하는 아이

[첫째에게]

1단계	마음 읽기	만지지 말라는데 동생이 자꾸 만져서 화가 났어.
2단계	행동 제한하기	그래도 화난다고 때리면 안 돼. 화났다고 소리 지르지 않아.
3단계	대안 제시하기	(빌려줄 수 있다면) 언제까지 놀고 빌려줄 수 있는지 동생에게 얘기해 줄 수 있어 (빌려줄 수 없다면) 다른 장난감을 동생에게 갖고 놀라고 해 보자.

[둘째에게]

1단계	마음 읽기	형아/누나 것 가지고 놀고 싶었구나.
2단계	행동 제한하기	지금은 형아/누나가 하는 중이니까 기다려야 해. 빼앗지 않고 "빌려줘."라고 말하는 거야.
3단계	대안 제시하기	그동안 엄마랑 아율이가 좋아하는 다른 놀이할 수 있어.

다자녀를 키우는 부모 중에는 자녀 간의 갈등으로 고민하는 분이 많습니다. 둘째가 아기라 누워만 있을 때는 갈등이 거의 없지만, 아기가 기고 걷고 집 안을 활발히 돌아다니면 첫째와 갈등이 불거지곤 해요. 그중에서도 가장 큰 갈등 원인은 장난감입니다.

어떤 주제의 형제자매 갈등이든지 가장 중요한 것은 "네가 오빠/언니니까." 하면서 "동생한테 양보해."라고 말하거나 "네가 동생이니까 형아/누나 말 들어야지." 하고 한쪽의 일방적인 양보를 강요하면 안 된다는 점이에요. 이럴 경우 한쪽이 억울할 뿐만 아니라 다음에 갈등이 다시 발생했을 때 아이들이 '어떻게 그 갈등을 해결해야 하는지' 배울 수 없기 때문이지요.

예를 들어 첫째가 가지고 놀고 있는 장난감을 둘째가 빼앗거나 자꾸 만지려고 하는 상황을 상상해 봅시다. 이럴 때 첫째가 소리를 꽥 지르거나 동생을 때리는 경우가 있어요. 그러면 둘째는 엉엉 울음을 터뜨립니다. 나이 차이가 크게 나지 않는 자녀들을 키우는 부모라면 흔히 겪을 수 있는 상황이지요.

이럴 때는 첫째에게 "만지지 말라는데 동생이 만져서 화가 난 거지."라고 말하여 첫째의 감정을 읽어 줍니다. 만약 첫째가 동생을 때리거나 소리를 질렀다면 그 행동에 대해서는 제한해야 해요. "그런데 화난다고 해서 동생을 때리면 안 돼." 하고요. 그다음 첫째가 장난감을 빌려줄 수 있는 경우라면 "내가 이거 하고 있으니까 다 놀고 빌려줄게." 하고 둘째에게 기다리라고 이야기할 수 있어요. 만약 장난감을 빌려주기도 싫고 원래가 첫째 소유의 장난감이라면, 동생에게 다른 장난감을 주며 "이거 갖고 놀아." 하고 다른 장난감을 주는 방법도 있지요.

이때 중요한 것은 둘째에게 주는 장난감이 첫째가 원래 가지고 놀던 것보다 너무 재미없어 보이면 안 되고 '비슷한 매력도를 지닌 장난감'이어야 해요. 그래야 둘째도 첫째의 제안을 더 잘 받아들일 수 있지요. 형아는 멋진 로봇을 가지고 노는데, 동생한테는 아주 조그마한 공룡을 준다면 동생이 받아들이기 힘들 거예요.

장난감의 주인이 특별히 정해지지 않은 상태라면 부모가 개입해서 언제까지 가지고 놀고 둘째에게 넘길 수 있는지 이야기하도록 해도 좋습니다. 그럼 둘째에게는 어떻게 이야기해야 할까요? 장난감을 갖고 놀지 못해 서러운 둘째에게 "형아/누나 것이 재미있어 보였구나.", "그런데 지금은 형아/누나가 하는 중이니까 기다려야 해." 하고 말합니다. 동생이 말도 없이 그냥 첫째의 것을 뺏으려고 했다면 그때 할 수 있는 적절한 말도 함께 알려 줍니다. "해 보고 싶으면 '나도 빌려줘.' 하고 얘기하는 거야.", "지금은 빌려줄 수가 없나 봐. 엄마랑 자동차 놀이 하자." 하고 둘째의 수준에 맞는 다른 놀이를 대안으로 제시할 수도 있어요.

형제자매 갈등이 벌어지면 서로 소리를 지르고 울고 싸우는 통에 양육자는 정신이 하나도 없고 머리도 아픕니다. 상황을 얼른 끝내기 위해 둘 중에 한 명을 혼내고 끝낼 수도 있어요. 하지만 이런 형제자매 갈등은 사회성 훈련에 아주 좋은 기회입니다. 무언가를 두고 다투고 싸우는 형제자매의 갈등은 또래 관계에서의 갈등과 크게 다르지 않습니다. 가정에서 이런 갈등을 올바르게 해결하는 방법을 계속 연습하는 것은 사회성 훈련과도 같지요.

다만, 아직 해결 방법에 대해서는 아이들 스스로 떠올리기 어렵기 때문에 양육자의 적절한 개입이 필요해요. 연령대가 더 높은 아이들의 형제자매 갈등 문제는 아이들 스스로 해결할 기회를 더 많이 줄 수 있는데요. 이 부분은 다음 장에서 다뤄 볼게요.

엄마 아빠, 이런 말은 안 돼요!
- (첫째에게) 네가 형이니까 참아. / 누나가 돼서 아기한테 왜 그러니?
- (둘째에게) 네가 동생이니까 오빠 말 들어야지.

아이의 발달을 돕는 놀이

- **연합 놀이**
  형제자매 관계가 안 좋아서 고민이라면, 아이들이 서로 긍정적인 감정을 느낄 만한 연합 놀이를 제안해 봐요. 숨바꼭질, 괴물 놀이 등 부모가 술래가 되어 아이들끼리 연합할 수 있는 놀이는 우애를 돈독히 하는 데 도움이 돼요.

9
감정이 폭발하면 스스로 때리는 아이

1단계	마음 읽기	아까 ○○해서 속상하고 화가 났지.
2단계	행동 제한하기	아무리 화가 나도 머리를 바닥에 박거나 아육이 몸을 아프게 하면 안 돼. 이런 행동은 진짜 위험한 거야. 절대 하면 안 돼.
3단계	대안 제시하기	화가 날 때는 "지금 너무 화가 나! 정말 속상해!" 하고 말로 이야기하는 거야.

아이들이 떼를 쓰다 보면 가끔은 막 울고 숨이 넘어갈 것처럼 흥분하고 분노를 표현하는 때가 있어요. 분노를 폭발적으로 보이는 것을 분노 발작, 감정 폭발, 탬퍼 탠트럼(temper tantrum)이라고 해요. 16~24개월 재접근기에 가장 심하게 나타나고 36개월까지도 종종 나타나지요.

이 시기 아이들은 자신이 원하는 걸 충분하게 언어적으로 표현하기 어려워요. 자신의 감정이나 요구를 효과적으로 표현할 수 없기에 이런 감정 폭발이 나타나기도 해요. 이 시기는 감정을 적절하게 조절하는 방법도 배우는 단계이지요. 그렇기 때문에 갑자기 느낀 부정적이고 화나는 감정을 어떻게 처리해야 할지 몰라 폭발하기도 합니다.

감정 폭발이 심한 아이들은 막 울면서 바닥이나 벽에 머리를 박기도 해요. 스스로를 때리거나 위험하게 자해 행동을 하기도 하지요. 아이가 이런 행동을 할 때 대부분의 부모는 아이와 함께 감정적으로, 격하게 반응합니다. 너무 놀라고 걱정되는 마음에 아이를 마구 달래 주거나, 더 격하고 무섭게 대하는 것이지요.

부모가 감정적으로 "야! 왜 그래! 하지 마!" 하면서 격하게 반응하면 아이의 감정은 더 격렬해질 수 있어요. 아이가 감정 폭발을 보일 때는 감정적으로 대응하지 말고 침착한 상태에서 아이를 대하는 것이 가장 중요해요. 또한 아이의 안전을 보장하는 것도 중요합니다. 아이를 매트 위로 옮기거나, 푹신한 것을 대어서 아이의 안전을 확보해야 해요. 필요한 경우에는 아이의 몸을 잡아야 할 수도 있어요. "아윤아, 지금 네가 너무 흥분해서 위험하니까 팔이랑 다리를 잡는 거야. 진정되면 놓아줄게." 하면서 침착하게 대응해야 합니다. 그러고 나서 아이 스스로 진정할 때까지 인내심을 갖고 기다려요.

아이가 진정되면 아이와 대화를 꼭 나눠야 합니다. "아유아, 아까 ○○해서 속상하고 화가 났었지." 하면서 아이가 격하게 반응했던 마음을 공감하고 읽어 줍니다. 그다음 "아무리 화가 나더라도 머리를 바닥에 박거나 아유이 몸을 아프게 하면 안 돼. 이런 행동은 진짜 위험한 거야. 절대 하면 안 돼."라고 이야기해 주는 거예요. "화가 날 때는 '○○해서 지금 너무 화가 나! 정말 속상해!' 하고 말로 이야기하는 거야."라고 대안까지 제시할 수 있어요.

아이들은 감정을 조절하는 능력이 미흡하기 때문에 스스로 그런 능력을 키울 수 있도록 부모가 도움을 줘야 해요. 평소에 "아유이는 너무 화가 나고 속상할 때 어떻게 하면 기분이 좋아져?" 하면서 이야기를 나눠 보세요.

저희 아이는 이맘때 "엄마가 안아 주면 기분이 좋아져."라고 이야기해서 "그러면 우리 다음부터 속싱하고 화가 날 때 '엄마, 니 너무 속상해. 지금 좀 안아 줘.'라고 이야기하자."라고 했어요. 이후에 아이가 속상하고 화가 날 때 "엄마 나 속상해. 좀 안아 줘."라고 도움을 요청하더라고요. 그때 안아 주는 것만으로도 아이는 평소보다 훨씬 빨리 진정했어요. 부모가 받아 줄 수 있는 범위 안에서, 아이가 속상하고 힘들 때 감정을 조절할 방법에 대해 이야기 나눠 보면 분명 도움이 될 거예요.

만약 아이가 자해 행동을 할 때마다 엄마 아빠의 마음이 약해지는 모습을 보았거나 다 수용해 줬던 경험이 있다면, 아이는 자기가 원하는 걸 얻기 위해 자해를 할 수도 있어요. 이럴 때는 더욱 단호하게 아이의 요구를 수용해 주지 말아야 합니다. 아이가 화날 때마다 자해 행동을 하고, 원하는 걸 얻으면 다음에 또 비슷한 상황에서 자해 행동을 하여 악순환의 고리에 빠질 수 있거든요. 그 순간에 시끄럽고 머리 아픈 훈육 상황을 피할 수는 있겠지만, 이후 더 되돌리기 힘든 상황에 빠질 수 있다는 걸 기억하고 단단하게 버티는 것을 잊지 마세요.

10

영상을 끌 때마다 떼쓰는 아이

1단계	마음 읽기	이 영상 재미있구나.
2단계	행동 제한하기	그런데 우리가 보기로 한 시간이 다 됐어. 이제 꺼야 해.
3단계	대안 제시하기	이제 아빠랑 그림 그리고 놀까?

미국 소아과학회(AAP)는 18개월 미만 아동의 영상 시청을 금지하고 있고(영상 통화 제외), 캐나다 소아과학회(CPS)는 두 살 미만에게 영상 시청을 권하지 않고 있어요. 우리나라도 이 기준에 따라 24개월 미만의 소아에게는 영상 시청을 금지하는 가이드라인을 제시하고 있어요. 이런 기준 때문일까요? 아이가 두 돌이 지나면 '이젠 괜찮겠지?' 하면서 슬금슬금 아이에게 영상을 보여 주는 부모들도 있

습니다.

사실 이 시기 아이들은 영상보다 일상이 더 재미있습니다. 엄마 아빠와 함께 몸 놀이를 하고, 얼굴을 비비고, 눈 맞춤 하면서 까꿍 놀이도 하고, 공 굴리기 하는 것은 또 얼마나 재미있고 신나는 일인지 아이들은 반복해서 놀면서도 웬만해서는 지치지 않습니다. 지치고 힘든 쪽은 오히려 부모들이지요.

엄마 아빠의 심정도 이해가 됩니다. 종일 아이와 놀고 육아하는 데 에너지를 모두 소진했거나, 밖에서 일을 마치고 와서 좀 쉬고 싶을 테니까요. 집안일은 또 얼마나 많은가요. 설거지, 빨래, 식사 준비뿐만 아니라 밥 먹이고 해야 할 가사일이 끝도 없지요.

그런데 이 시기 아이들은 혼자 노는 시간이 아주 짧고, 심지어 혼자 놀더라도 각종 사고가 끊이질 않기 때문에 늘 부모의 주의가 필요해요. 상황이 이렇다 보니 부모도 어쩔 수 없이 영상을 아이에게 보여 주기 시작합니다. 몸이 너무 힘들 때는 '이거라도 좀 봐 줘라.'는 심정으로 영상을 보여 주기도 하고요. 그렇게 '어쩔 수 없는 날'이 있습니다.

그런데 어쩔 수 없는 날이 한 번이 되고, 두 번이 되어 반복이 되면 어느 순간 아이도 영상에 푹 빠져서 그때부터는 계속 '영상만 보고 싶은 아이' 대 '못 보게 하는 부모'로 일상이 피곤해집니다.

이렇게 되기 전에 영상을 보기로 했으면 처음부터 구조화하는 것이 좋습니다. 목욕 후에 10분, 어린이집 다녀와서 10분 이런 식으로 시간을 먼저 정해서 아이도 이 루틴에 익숙해지는 것이지요. 이 시기에 보여 줄 수 있는 영상도 어느 정도 제한적이에요. 화면 전환 속도가 느리고 아이들이 좋아하는 캐릭터가 등장하는 영상, 손 씻기·친구 관계·식습관 등 기본 생활 습관이 담긴 영상 등이 때때로 도움이 되기도 해요.

이때 되도록 유튜브를 통한 연속 재생보다는 한 편에 10~15분짜리 영상을 '한두 개 보고 끝!' 하기로 약속을 미리 정하는 것이 좋습니다. 이렇게 영상 보기에 대한 규칙을 정하고, 아이가 이 규칙에 따르도록 지도해요.

이 시기는 아이와 상의해서 영상 시간과 영상을 선택하는 시기가 아니에요. 부모가 권위를 갖고 아이에게 영상 시청 가능 시간과 영상물을 정하고 이를 따르게 해야 합니다. 이 시기 대부분의 아이들은 일상에서 더 재미있는 놀이 시간이 있다면 울고 떼쓸 정도로 영상에 빠져들지 않아요.

그런데 만약 아이가 영상을 더 보겠다고 울고 떼쓴다면 그때는 3단계 훈육을 적용해서 "우리 아유이, 이 영상 재미있구나." 하고 마음을 읽어 주고, "그런데 우리가 보기로 한 시간이 다 됐어. 이제 꺼야 해." 하며 제한을 한 뒤, "이제 아빠랑 그림 그리고 놀까?" 하며 다른 활동을 대안으로 제시할 수 있어요.

이렇게 훈육해도 영상 시청 때문에 아이가 3~5일 이상 떼를 쓴다면 그때는 과감하게 영상 자체를 중단하세요. 세 돌 정도가 지나면 아이들의 정서 조절과 행동 통제 능력이 조금 더 발달하고, 안 되는 이유에 대해 언어적으로 설명하면 더 잘 이해합니다. 그런데 지금 이 시기는 아이에게 아무리 알아듣게 설명해도 마음 가는 대로 할 수밖에 없는 시기예요. 그 대신 더 좋은 점은 그만큼 영상에 대한 욕구를 금방 잊고, 금단 증상(!)도 빨리 사라진답니다.

11
안 된다고 말했는데도 잘못된 행동을 계속하는 아이

1단계	마음 읽기	이 물컵에 물이 어떻게 되는지 보고 싶었구나.
2단계	행동 제한하기	그런데 마시는 물은 쏟는 거 아니야. 한 번 더 쏟으면 그때는 물컵을 치울 거야.
3단계	대안 지시하기	밥 다 먹고 화장실에서 물컵으로 물놀이할 수 있어.

아이가 엄마 아빠 말을 이해하고 대화가 통할 때쯤이면 '이제 육아가 좀 수월해질까?' 하고 기대를 하게 됩니다. 하지만 육아라는 게 그렇지 않지요. 분명히 엄마 아빠가 하지 말라고 하는 말이나 지시를 아이가 이해한 것 같은데 따라 주지 않고, 오히려 더 욱하는 순간이 늘어나기도 해요.

돌 전에는 이유식 흘리는 모습도 귀엽고 떨어진 이유식을 손으로 마구 뭉개는 모습도 신기했지만, 두 돌이 다 되어 가는 아이가 음식을 마구 뭉개거나 물컵을 쏟고 물건을 던지는 모습을 보면 화가 나기 마련입니다. 아이와 대화도 통하다 보니 이제는 훈육을 해 봐야겠다는 생각으로 마음도 읽어 주고 "아육아, 이거 물컵에 물 어떻게 되나 보고 싶었구나." 한 다음 단호하게 "그런데 마시는 물은 쏟는 거 아니야."라고 이야기하면서 아이가 그만하기를 기대했는데, 막상 아이는 그 행동을 계속합니다.

이 시기의 아이들은 앞뒤 맥락과 부모의 언어를 충분히 이해할 수 있지만 내가 하고 싶은 행동, 궁금한 마음을 조절하는 자기 조절 능력이 한창 발달하는 시기예요. 그래서 하지 말라고 하는 이야기를 들어도 눈앞에 그 행동을 멈추기가 힘들지요.

부모가 아이에게 훈육 공식에 맞게 "밥 다 먹고 화장실에서 물컵으로 물놀이할 수 있어."라고 대안을 제시했는데도 아이가 계속 물컵을 쏟을 수 있어요. 이 시기 아이들은 그럴 수 있습니다. 앞에서도 설명했지만, 이 시기 아이는 욕구와 행동을 통제하고 조절하는 걸 배우는 시기이기 때문에 백 번, 천 번 계속 반복해서 이야기해 줘야 해요. 아이는 절대 한 번에 행동을 통제할 수 없거든요. 이 시기가 되면 부모는 먼저 마음의 준비를 하고, 화내지 않고 일관적으로 차분하게 가르쳐야 합니다.

훈육의 공식을 일관되게 적용했는데도 불구하고 아이가 물컵을 계속 넘어뜨려 쏟는다면 어떻게 해야 할까요? 그때는 아이에게 '네가 만약 계속 같은 행동을 하면, 엄마 아빠가 어떻게 할 것인지'에 대해 미리 알린 다음, 그대로 실행해야 해요. "아빠가 하지 말라고 했지! 너는 왜 말을 안 들어!" 하면서 화내거나 욱하는 건 아이가 조절 기술을 배우는 데 아무런 도움이 되지 않습니다. 아이가 정서적으로 상처받고, 부모도 후회만 할 뿐이지요.

이럴 때는 심호흡을 한 뒤 "물컵에 물 또 쏟으면 아빠가 물컵 치울 거야."라고 말합니다. 그런 다음 같은 행동을 또 한다면 그때는 물컵을 치워야 해요. 아이에게 정확한 가이드라인을 주고 그걸 따르는 거예요. 아이도 부모의 행동을 예측할 수 있고, 자기가 한 행동의 결과도 바로 확인할 수 있는 훈육의 과정이지요.

아이가 평소에 물컵으로 매일 장난을 친다면 식사 시간에 물컵은 멀리 두고 물 마실 때만 사용할 수 있도록 환경을 조성할 수도 있어요. 환경 조성은 아이에게 사용할 수 있는 효과적인 훈육 전략이기도 해요. 이미 아이에게 물컵을 준 상황에서 아이가 물컵을 쏟을 때는 아무런 이야기도 하지 않다가 갑자기 휙 하고 바로 물컵을 뺏어 버리면 아이가 더 떼쓰고 드러누우면서 상황이 악화될 수 있거든요. 아이의 마음도 공감해 주고, 아이가 행동을 조절할 기회를 충분히 주는 게 올바른 훈육 과정입니다. 아이에게 엄마의 제한을 따르지 않았을 때는 어떤 상황이 일어날 수 있는지 예측하고 경험하게 해 주면 훈육이 더 효과적으로 이루어질 거예요.

아이의 발달을 돕는 놀이

- **물컵 놀이**

    물컵을 쏟는 행동에 푹 빠져 있는 아이라면 욕실에서 물놀이를 해 볼 수 있어요. 물컵을 가지고 물을 받거나 쏟기도 하고, 물을 옮겨 보기도 하면서 충분히 탐색하고 경험하게 해요.

12
등원을 거부하는 아이

1단계	마음 읽기	엄마랑 같이 있고 싶은데 어린이집 가려니까 싫구나.
2단계	행동 제한하기	그런데 어린이집 가야 할 시간이야.
3단계	대안 제시하기	다녀와서 엄마랑 인형 놀이 하자. 집에 오는 길에 놀이터 가자. 네가 좋아하는 쿠키 만들어 놓을게.

두 돌 전후가 되면 어린이집에 다니는 아이들이 많아집니다. 어린이집에 첫 등원을 하는 3월은 대부분 아이들에게 쉽지 않아요. 편안한 부모님과 가정에서 벗어나 새로운 공간, 낯선 선생님, 처음 보는 또래들과 집단생활을 시작하므로 어린아이들이 긴장하고 불안해하는 것이 당연하지요. 물론 처음부터 잘 적응해서 순조롭게 다니는 아이들도 있어요.

이 시기에 처음으로 어린이집에 등원해서 적응을 어려워하는 아이들은 대부분 기질에 따라 다른 모습을 보여요. 순하고 반응이 그리 크지 않은 아이들, 새로운 환경에 호기심이 많은 아이들은 비교적 잘 적응하는 모습을 보여요. 그러나 유난히 어린이집에 가는 것을 힘들어하는 아이라면 꼭 어린이집이 아니어도 새로운 문화센터에 가거나 낯선 사람을 만날 때 낯가림이 심한 모습을 보입니다. 이런 아이들은 불안이 높고 반응도 큰 기질의 아이일 가능성이 높지요.

또한 시기적으로 두 돌에서 세 돌 사이의 아이들은 한창 부모에게 밀착되어 있고 분리 불안을 보일 때예요. 따라서 이 시기 아이가 어린이집 등원을 거부할 때는 심하게 훈육하기보다는 어린이집 교사와 협력하여 수용과 인정을 바탕으로 아이의 적응을 조금씩 높여 나가야 해요.

위와 같은 이유로 대부분의 어린이집에서는 처음 등원할 때 적응 기간을 두고 있어요. 처음 며칠은 부모와 함께 어린이집 활동에 참여해서 점차 시간을 늘려 가다가 나중에는 부모로부터 완전히 분리되어 아이 스스로 기관 생활을 해야 합니다. 이것이 쉬운 아이에게는 등원이 너무도 자연스럽고 재미있는 일이지만, 이것이 힘든 아이에게는 참 어려운 일이에요.

아이마다 적응 속도가 다르므로 등원을 힘들어하는 아이를 이해하고 인정하고, 조금씩 적응하도록 돕는 수밖에 없습니다. 어린이집에 머무는 시간을 최소화해서 더 천천히 길게 적응 시간을 가질 수도 있을 거예요. 또 어린이집에 다녀온 이후에 가정에서 아이가 편안하게 휴식하고 좋은 시간을 보내도록 해야 해요. "네가 어린이집에 다녀오면 엄마 아빠랑 재미있는 시간을 보낼 수 있어." 하는 메시지를 아이가 내면화할 수 있게 하는 것이지요.

어린이집 친구를 집에 초대하거나 바깥 놀이터에서 자주 놀게 해 주면 아이가 어린이집에 갔을 때 좀 더 친숙한 느낌이 들 수도 있어요.

처음에 적응이 유난히 어려웠던 친구들도 적응 시기가 지나면 언제 그랬냐는 듯이 잘 지내는 시기가 와요. 그런데 처음에는 어린이집에 잘 적응하다가 어느 날 갑자기 안 가겠다며 아침마다 전쟁을 치르는 경험도 대부분의 부모가 한 번은 겪는 일입니다. 이럴 때는 아이 나름의 이유가 있을 테니 어린이집 교사와 상담을 해 보고, 아이가 갑자기 등원을 거부하는 이유가 무엇인지 찾는 일이 먼저입니다.

아이들은 두 돌이 지나면서 활동량이 급격히 많아져요. 그러면서 슬슬 낮잠 시간을 싫어하는 아이들도 생기지요. 혹은 자주 부딪히는 친구가 있을 수도 있고요. 이런 경우는 어린이집 교사와 상의하여 기관에서 어떻게 아이를 도울 수 있을지 확인해 보고, 어린이집 내에서 아이가 좋아하는 활동이나 매력적으로 느끼는 요소를 갖추도록 하는 것이 도움이 돼요.

가정에서는 둘째가 태어나면서 첫째가 갑자기 변한 환경에 불안을 느끼고 등원을 거부하기도 해요. 혹은 맞벌이 부모의 경우, 엄마 아빠 모두 바쁜 나머지 아이와 충분히 상호 작용 시간을 보내지 못했을 때 아이들은 등원을 거부하기도 해요. 이럴 때는 아이와의 상호 작용 시간을 질적으로, 양적으로 충분히 늘려야 합니다. 그리고 아이의 불안한 마음, 엄마 아빠와 더 함께 놀고 싶은 마음도 인정해 줘야 해요.

그런데도 어린이집에 들어갈 때는 아이가 아무리 울고 떼써도 밝고 간단하게 인사한 뒤 뒤돌아서 나와야 합니다. 아이가 엉엉 울어서 안쓰러운 마음에 우는 아이를 붙잡고 계속 '아이고 어쩌지.' 하고 난감한 표정만 짓고 있다면, 아이에게 좋은 빌미를 제공하는 거예요.

13

손가락을 계속 빠는 아이

1단계	마음 읽기	불안하고 걱정돼서 손가락을 빨고 있구나.
2단계	행동 제한하기	손가락을 빨면 더러운 균이 많아서 배가 아야 할 수 있어.
3단계	대안 제시하기	그 대신 이 장난감을 꾹꾹 눌러 볼까? 이 손수건에 부들부들한 털을 만져 볼까?

아이가 두 돌 전후가 되면 손가락을 빨거나 자꾸 입에 넣어서 고민인 부모가 많습니다. 저희 아이도 아기 때부터 손가락을 빨아서 공갈 젖꼭지를 여러 종류로 제공해 봤는데 계속 손가락을 빨았어요. 아이에게는 손가락이 애착물이었던 거예요. 애착물로 인형을 가지고 다니는 아이도 있고, 이불을 가지고 다니는 아이도 있지요. 어떤 아이들은 사물이 아니라 엄마의 머리카락, 손, 귀처럼 신체 일부를

애착물로 삼는 아이들도 있어요.

애착물이란 아이가 엄마로부터 심리적으로 분리되는 과정에서 중간 다리 역할을 하는, 아이에게 심리적 위안을 주는 대상이에요. 아이가 불안하거나 낯선 상황일 때 스스로 안정을 되찾는 데 도움이 되는 대상이지요. 대부분의 아이들은 자라면서 자연스럽게 애착물에 대한 집착이 줄어들기 때문에 강제로 물건을 뺏거나 손가락을 못 빨도록 막기보다는 아이가 충분히 원하는 대상을 가지고 놀 수 있도록 해 줘야 합니다.

이런 애착물은 아이들의 심리 발달 과정에서 어떤 의미를 갖고 있을까요? 엄마 아빠와 매일 같이 시간을 보내고 떨어지지 않는 시기인데도 애착물을 필요로 하는 이유는 엄마와 떨어지는 것이 물리적인 것이 아니라 '심리적인 분리'를 경험하는 것이기 때문이에요.

만 3세 정도가 되기까지 아이들에게 가장 중요한 발달 과업 중 하나는 엄마(1차 양육자)와 심리적으로 건강하게 분리되는 거예요. 아이의 신체가 발달하면서 혼자서 할 수 있는 것이 많아지듯이 정신적으로도 독립하면서 자연스럽게 '애착물'이 나타나지요.

정신분석학자 마가렛 말러는 이 과정을 분리-개별화 단계로 설명했어요. 이 단계는 16개월에서 시작해서 24개월까지 진행된다고 보았지요. 흔히 16~24개월 사이를 재접근기라고 해요. 이 시기 아이들은 뭐든 혼자 해 보겠다고 의기양양하게 시도하다가도 세상이 그리 만만치 않음을 경험하고 좌절을 느끼기도 합니다. 이때 아기들은 엄마에게 의존하고 싶은 마음과 스스로 하고 싶은 마음 사이에서 심한 갈등을 겪어요. 그러면서 짜증도 많이 내고, 갑자기 엄마 껌딱지가 되기도 하지요. 특히 "싫어!", "아니야!" 이런 말도 많이 해요.

24~36개월 이후에는 아이의 마음속에 엄마라는 존재가 안정적으로 자리 잡아요. 아이가 화가 나거나 좌절했을 때도 '아, 우리 엄마 좋은 엄마지.' 하고 기억해 낼 수 있지요. 그러면서 엄마와 떨어진 상황도 아이가 잘 받아들이고, 애착 인형에 대한 집착도 서서히 줄어들어요. 그래서 애착물에 대한 선호는 보통 5~6세 때 집착의 정도가 점점 줄어듭니다.

그런데도 아이가 손가락을 빠는 걸 보면 혹시 이런 행위가 치아가 나는 시기에 치열에 영향을 주지는 않을지, 손가락에 변형이 오지는 않을지, 더러운 균 때문에 아프지는 않을지 걱정이 될 거예요. 만약 이럴 때 걱정돼서 무조건 "안 돼! 손가락 빨지 마!" 하고 제한만 하면 아이는 불안하고 스트레스받는 상황에서 조절하는 방법만 박탈당하게 돼요. 그리고 손가락을 빨 때마다 "너! 손가락!" 하면서 지적하면 아이는 안 그래도 불안한 마음에 더 깜짝 놀라고 불안한 상태가 되지요.

어떤 분들은 아이 손가락에 매운 소스나 쓴 약을 발라 놓는 극약(!) 처방을 하는데요. 이것도 손가락을 빠는 행위 자체를 순간적으로 막을 순 있겠지만, 장기적으로 보았을 때는 대안이 없는 처방일 뿐입니다.

따라서 이런 경우에는 아이의 정서를 조절하는 데 도움이 되는 애착 대체물을 찾아 줘야 해요. 대체물은 촉감이 부드러운 장난감이나 손수건 같은 것이 좋아요. "아윤아, 지금 불안해서 손가락 빨고 있는 거야? 손가락에는 더러운 균이 많아서 자꾸 빨면 배가 아야 할 수 있어. 아윤이가 마음이 불편할 때 이 말랑이를 꾹꾹 눌러 볼까?" 하면서 아이가 마음이 불안할 때 진정할 수 있는 다른 방법을 찾아보고 제안하는 거예요.

아이마다 선호하는 대체물은 다를 수 있어요. 원하는 대체물을 한 번에 찾을 거라고 너무 기대하지 마시고, 아이와 여러 방법을 시도해 보고 적절한 대체물을 찾는 여정을 떠나 보세요.

엄마 아빠, 이런 말은 안 돼요!

- 손가락 빨고 아윤이 너는 애기구나! 애기래요~! (수치심 자극)
- 손가락 빨지 말라고 했지! 몇 번을 얘기해도 계속 왜 그래! (비난)
- 한 번만 더 손가락 빨면 혼날 줄 알아! (협박)

14
엄마한테서 떨어지지 않거나, 계속 안아 달라는 아이

이 시기 아이들은 이전 시기에 비해 혼자 걸을 수도 있고, 말이 빠른 아이들은 재잘재잘 말하기도 하고, 자기주장도 제법 확실해집니다. 그러나 여전히 어린아이예요. 세상에 뭐든 다 할 수 있고, 어디든 다 갈 수 있을 것처럼 자기애가 최고조였지만, 아이들은 이내 곧 세상이 그리 만만치 않음을 경험하고 좌절을 겪어요.

16~24개월 재접근기 아이들은 뭔가를 스스로 하고 싶은 마음도 있지만, 엄마에게 의존하고 싶은 마음도 크기 때문에 이 두 마음 사이에 심한 갈등을 겪어요. 그러면서 짜증도 많이 내고, "싫어!", "아니야!" 등을 자주 외치다가, 갑자기 엄마 껌딱지가 되기도 해요. 엄마와 분리가 잘되던 아이들도 갑자기 엄마 껌딱지가 돼서 엄마 뒤를 졸졸 쫓아다니기도 해요. 심하면 화장실 문도 열어 놓고

볼일을 봐야 할 정도니까요.

혼자서도 잘 자던 아이가, 혹은 아빠가 재워도 잘 자던 아이가 별안간에 엄마만 찾고, 엄마가 옆에 없으면 귀신같이 알고 새벽에 울기도 해요. 한창 걷고 뛰기에 몰입되었던 아이들도 이제 조금만 다리가 아프면 안으라고 두 팔 벌려 소리칩니다.

안아병과 껌딱지, 모두 훈육으로 해결될 문제는 아니에요. 이는 시간이 해결해 줄 사안입니다. 아이들은 빠르면 24~36개월 사이에 대상 항상성이라는 개념을 획득해요. 우리가 잘 아는 대상 영속성은 사물이 눈앞에 보이지 않아도 존재함을 인지하는 거라면, 대상 항상성은 정서나 애정 같은 비물리적인 존재에 대한 영속성이에요. 그래서 이 대상 항상성이 발달하면 아이가 엄마와 떨어진 상황에서도 엄마의 이미지를 떠올리면서 분리를 견딜 수 있지요. 아이가 대상 항상성을 획득하면 이전과는 질적으로 다른 모습을 보여 주기 때문에 부모는 '우리 아이가 부쩍 컸구나.' 하고 생각해요.

시간이 약이라고 해도 등원 문제로 떼를 쓰는 이 시기에 부모가 아무것도 안 하고 그냥 지나갈 수는 없겠지요. 아이가 엄마 껌딱지가 되면 충분히 그 자리에서 안아 주세요. 그러고 나서 "걱정이 되는구나.", "무섭구나.", "엄마와 함께 있고 싶구나." 하고 아이의 마음을 헤아려 주세요. 그래도 돌 전후의 아기들에 비해 이 시기 아이들은 부모가 따뜻하게 감정을 읽어 주고 다독여 주면 많이 진정되는 모습을 보여요.

예를 들어, 아이가 문화 센터에 가서 체육 활동을 하는데 무서워서 징검다리를 못 건너가는 상황이라고 상상해 봅시다. 그래서 울먹이면서 엄마한테 딱 붙어 있다면, 우선은 아이에게 "아윤이 징검다리 건너가는 게 걱정되는구나.", "무서우면 엄마랑 옆에서 다른 친구들 하는 것 지켜보자." 하고 안심시켜 주세요. 다른 친구들의 모습이나 선생님의 시범을 살펴보다 보면 아이의 몸과 마음속 긴장이 조금씩 풀릴 거예요. 그때 조금씩 다가가 보는 겁니다. 처음에는 엄마 손잡고 징검다리를 건너고, 점점 자신이 붙으면 아이 스스로 엄마 손을 뿌리치고 자기의 길을 갈 거예요.

이 시기 아이들은 언어 발달도 빠른 속도로 이루어지고 있어요. 잠시 자리를 비울 때는 말없이 자리를 뜨지 말고, 시시콜콜한 것 같아도 아이에게 충분히 말로 설명하는 것이 좋습니다. "아윤아, 엄마 머리 드라이기로 윙~ 말리고 올게. 조금만 기다려 줘.", "아윤아, 엄마 쓰레기 버리고 올게. 그동안 잠깐 아빠랑 같이 있어. 얼른 다녀올게." 하는 거예요.

물론 이 시기에는 이렇게 말한다고 해도 아이는 가지 말라고 울고불고할 수 있어요. 그래도 다정하게 지속적으로 말해 주세요. 그러면 28~30개월 정도부터 차츰 더 잘 기다려 주고, 더 오래 기다릴 줄 아는 아이가 될 거예요.

15

잠 안 자고 계속 놀겠다는 아이

1단계	마음 읽기	아윤이가 더 놀고 싶구나. 놀이가 재미있구나.
2단계	행동 제한하기	그런데 지금은 자야 할 시간이야.
3단계	대안 제시하기	자기 전에 동화책 한 권 더 읽어 줄 수 있어. 내일 또 재미있게 놀자.

잘 시간이 다가오면 육퇴(육아 퇴근)를 하고 싶은 부모의 마음과는 다르게 "더 놀래.", "안 자고 싶어.", "이 놀이만 더 하고."를 외치는 아이들이 있습니다. 이때 아이들의 마음은 놀이가 재미있어 더 하고 싶은 마음, 엄마 아빠와 보내는 시간이 즐거워서 자러 가고 싶지 않은 마음이겠지요.

이럴 때는 아이에게 어떻게 말해야 할까요? 먼저 재미있게 놀고 있어서 자러 가고 싶지 않은 아이의 마음을 읽어 줍니다. "아윤이가 더 놀고 싶구나.", "놀이가 재미있구나." 하고요. 그렇지만 밤이 늦었는데 언제까지 아이가 놀도록 내버려둘 수는 없겠지요. 계속 놀이하려는 아이에게 "그런데 지금은 자야 할 시간이야." 하고 말해 줍니다. 아이가 이때 바로 엄마 아빠의 제한을 받아들이기는 쉽지 않을 거예요. 그렇다면 부모가 수용할 수 있는 수준에서 대안을 제시할 수 있어요. "잠자리에 누워서 아윤이가 좋아하는 그림책 한 권 읽고 잘 수 있어." 하거나 "긴바늘이 5에 갈 때까지 놀고 이제 자러 가는 거야." 하는 것이지요. 다음 날 아이가 다니는 기관에서 재미있는 행사가 있거나 하원 후에 아이가 좋아할 만한 일정이 있다면 "내일 어린이집에서 쿠키 만든다고 했는데, 푹 자고 맛있는 쿠키를 만들어 보자!" 하고 내일에 대한 기대감을 심어 줄 수도 있어요.

지속적으로 아이가 밤에 안 자려고 하는 모습을 보인다면 가정에서 다음 사항을 확인해야 합니다. 첫째, '하루 동안 아이의 신체 활동이 적절히 이루어졌는가'입니다. 아이는 자랄수록 활동량이 많아져요. 아이들에게는 매일 적어도 한 시간 이상 몸을 활발히 움직이는 활동이 필요해요. 놀이터에서 신나게 뛰어다니고, 자전거를 타고, 이곳저곳을 부지런히 탐색하며 돌아다니는 활동이 다 우리 아이들에게 필요한 활동이지요.

둘째, '아침에 너무 늦게 일어나거나, 낮잠을 늦게까지 자지는 않았는가'입니다. 이 시기 아이들은 낮잠을 너무 오래, 늦게까지 자지 않게 조절해야 해요. 만약 이미 수면 패턴이 늦게 자고, 늦게 일어나는 것으로 고정되었다면 매일 30분씩 차근차근 기상과 수면 시간을 앞당겨 봐요.

셋째, '집 안에 적절한 수면 환경이 조성되어 있는가'입니다. 잘 시간이 다 되었는데 낮과 마찬가지로 불이 환하게 켜져 있고, 자기 전까지 영상을 시청한 상태에서 갑자기 이제 잘 시간이 되었으니 자라고 한다면 당연히 쉽게 잠들지 못할 거예요. 저녁 식사를 마친 다음 잘 시간이 다가오면 집 안의 조명을 조금 어둡게 하여 자연스럽게 잠자는 분위기로 이어질 수 있도록 해요. 또한 자기 전에는 아이와 책 읽기, 색칠하기, 가위질하기 등 정적인 활동을 하는 게 좋아요.

아기 수면 교육을 할 때 '수면 의식'이라는 말을 들어 본 적 있나요? 수면 의식이란 자기 전에 일정한 행동을 반복하는 것인데요. 일정한 수면 의식을 만들어 주는 것이 잠자리에 들기까지 도움이 돼요. 예를 들어 따뜻한 물로 목욕하고, 로션을 바르고, 잠옷으로 갈아입은 뒤 아이가 고른 그림책 몇 권을 잠자리에서 읽어 주거나 마사지를 해 줄 수도 있어요. 이런 수면 의식을 꾸준히 한다면 아이가 잠을 더 쉽게, 잘 잘 수 있을 거예요.

16
기저귀를 갈거나 씻기를 거부하는 아이

1단계	마음 읽기	더 놀고 싶구나. 조금 이따가 기저귀 갈고 싶은 거지.
2단계	행동 제한하기	기저귀 오래 하고 있으면 엉덩이가 아플 수 있어. 엄마가 얼른 기저귀 갈아 줄게.
3단계	주의 환기하기	기저귀 갈고 나니까 아윤이 엉덩이가 뽀송뽀송해졌네!

기저귀는 하루에도 여러 번 갈아 줘야 하지요. 그래서 아이가 기저귀 갈기를 싫어하거나 도망가 버리면 양육자는 진이 쏙 빠집니다. 이럴 때는 어떻게 해야 할까요?

이 시기의 아이들은 걷고 뛰는 것이 능숙해지고, 언어 능력도 발달한 상태예요. 그래서 기저귀 가는 상황에서 더 놀고 싶은 마음에 양육자를 피해 도망가거나 "싫어!" 하고 분명히 거부의 뜻을 밝

히기도 해요. 아이는 도망가고 양육자는 쫓아가는 모양이 연출되기도 하지요. 이럴 경우 아이는 이걸 놀이로 생각하고 더 재미있어 할 수 있기 때문에 쫓아가는 행동은 하면 안 됩니다.

그렇다고 양육자가 억지로 기저귀를 갈면 아이는 거부하는 마음이 더 커질 수 있으므로 이런 상황에서도 아이의 욕구나 감정을 읽어 주는 것이 중요해요. "조금 더 놀고 싶은 거구나.", "기저귀 얼른 갈고 놀까, 아님 이따가 갈까?" 하고 기저귀 가는 타이밍을 아이가 선택하게 합니다. 이때 주의할 점은 '갈지 않는 것'은 옵션에 두지 않는 거예요. 아이가 조금 이따가 갈고 싶다고 하면 5분 정도 지난 뒤에 "이제 기저귀 갈 시간이야." 하고 이야기합니다. 이때도 아이에게 "기저귀를 서서 갈고 싶어, 누워서 갈고 싶어?" 하고 선택권을 줄 수 있어요.

저희 아이는 밖에 나갔다 와서 손 씻기를 참 싫어했는데요. 아이를 부드럽게 안고 욕실로 이동해서 "미지근한 물로 씻을까, 따뜻한 물로 씻을까?" 하고 물어봤어요. 그러면 아이는 어느새 미지근한 물로 씻을지 따뜻한 물로 씻을지 머릿속으로 고민하는 표정을 짓습니다. 이때도 손 씻지 않는 것은 옵션에 없는 거예요.

자기 고집이 생기고 "내가, 내가!" 하는 이 시기의 아이들에게 선택권을 주는 것은 허용되는 범위 내에서 어느 정도의 자율성을 주는 것인데요. 그러면 아이 입장에서 하기 싫어하는 행동이더라도 내가 선택할 수 있는 것이 있다고 생각하면 좀 더 협조적인 태도를 보여요. 수용 언어가 이전보다 많이 발달했기 때문에 기저귀를 갈아야 하는 이유에 대해 아이에게 말로 설명하는 것도 좋습니다. "기저귀를 오래 하고 있으면 아육이 엉덩이가 아플 수 있어.", "얼른 기저귀 갈고 재미있게 놀자." 하고요.

　기저귀를 갈 때 양육자의 태도도 중요해요. 기저귀를 빨리 갈고 해치워야 하는 일로 생각한다면 아이 입장에서도 존중받지 못한 기분이 들 수 있어요. 하루에 여러 번 반복되는 기저귀 교체 타임은 양육자와 아이가 눈을 맞추고 교감할 수 있는 소중한 기회예요. 기저귀를 바꾸는 동안 아이와 다정하게 이야기를 나눠 봐요. "아육이가 기저귀 가는 게 싫었구나. 엄마가 빨리 갈아 줄게." 하고 서둘러 기저귀를 갈아 준 뒤, "우리 아육이 정말 잘하네! 기저귀 갈고 나니까 엉덩이가 뽀송뽀송해졌어!" 하고 긍정적인 언어 반응을 해 줍니다. 아이 입장에서는 '하기 싫었는데, 생각보다 별거 아니네.', '기저귀 갈고 나면 기분 좋구나.' 하는 생각을 할 거예요. 기저귀 교체와 좋은 경험이 계속 쌓이면 힘들이지 않고 기저귀를 갈게 되는 그날이 올 겁니다.

17

배변 훈련이 필요한 아이

 배변 훈련은 언제 시작해야 할까요? 이 문제는 두 돌 전후의 아이를 키우는 부모들의 큰 고민 중 하나일 겁니다. 배변 훈련에 대한 전문 자료나 프로그램을 살펴보면 공통적으로 중요하다고 강조하는 것이 두 가지 있어요. 첫 번째는 배변 훈련을 강압적으로 하면 안 된다는 것, 두 번째는 배변 훈련의 시작 시기는 아이의 준비 상태를 고려해서 결정해야 한다는 거예요. 그렇다면 배변 훈련을 하려면 아이는 어떤 능력을 갖추어야 할까요?

 우리 아이가 변기에 앉아 대소변 가리는 것을 연습한다고 할 때, 먼저 아이는 화장실에 가서 바지를 내리고 동그란 변기에 엉덩이를 맞춰서 앉을 수 있을 정도의 대근육 발달이 이뤄져야 해요. 그리고 '아! 지금 응가 나올 것 같은데!', '나 지금 쉬 마려운 것 같은데!', '그때까지 참고 변기로 가자.' 이렇게 변의를 인지하고, 변기에 앉을 때까지 참을 수 있어야 합니다. 즉 괄약근을 조절할 수 있어야 하는 것이지요.

또한 엄마가 "응가하고 싶어?", "변기에 앉자!"라고 말하면 그것을 이해하거나 아이 본인이 직접 '쉬했다, 응가했다'를 표현해야 하기 때문에 언어 발달도 이뤄져야 하지요. 이렇게 배변 훈련을 하기에 최적화된 상태로 인지, 언어, 신체 발달이 골고루 이루어지려면 보통은 18~24개월 정도가 되어야 가능하다는 것이 전문가들의 공통된 의견입니다.

그런데 배변 훈련을 하는 데 있어서 인지, 언어, 신체 발달이 준비되는 것뿐만 아니라, 아이의 '의지' 또한 중요한 열쇠인 걸 아셔야 해요. 제 친구의 아이는 두 돌쯤 문장으로 자기 의사 표현을 시작해서 이때부터 변기도 사 놓고, 관련 동화책도 읽어 주며 배변 훈련을 하려고 했답니다. 그런데 문제는 아이가 "싫어. 난 기저귀에 할 거야." 하고 거부를 했어요. 32개월에 어린이집에 가야 해서 그 전에 기저귀를 떼려고 했는데, 아이가 완강히 거부하는 바람에 더 이상 시도하지 못했지요. 결국 세 돌쯤에 어린이집 교사의 도움으로 기저귀를 뗐어요. 어린이집에서 친구들이 배변 훈련을 하는 모습을 보니 그때는 거부하지 않았답니다.

아이가 발달적으로 준비가 되고 변기를 사용하고 싶다는 의사도 있다면, 이제 강압적이지 않게 단계별로 배변 훈련을 시작합니다. 우선 유아용 변기를 사서 변기를 친숙하게 느끼도록 해 줘요. 변기를 사용하지 않더라도 거실에 놓고 가서 앉아 보기도 하고, 배변 관련된 그림책도 같이 읽고, 인형 장난감으로 쉬나 응가하는 걸 놀이처럼 해 보기도 하는 등 밑 작업을 꾸준히 하는 거예요. 그리고 한 번씩 "아육아, 쉬하고 싶을 때는 우리 랄라(변기)에 가서 쉬하자~!" 이렇게 이야기를 가끔 해 주기도 하고, 아이가 원하면 한 번씩 변기에 앉아 보기도 합니다.

본격적인 배변 훈련이 가능하겠다고 판단하는 근거 중에 하나는 아이가 옷을 혼자 벗고 입는 것이 가능해지고, "아육아 쉬했어?"라고 물어보면 "했어.", "안 했어." 이렇게 대답할 수 있고, '응가와 쉬' 즉 대소변을 구분해서 이야기할 수 있을 때예요.

아이가 어린이집에 다니고 있다면 본격적인 배변 훈련은 교사들과의 논의도 필요해요. 어린이집에는 경험 많은 교사들이 있고, 교사들이 아이들 개개인의 발달 상태를 파악하고 일상생활을 보살펴 주고 있으므로 아주 든든한 조력자가 될 수 있어요.

배변 훈련 초기에는 일정 시간마다 변기에 앉아 기저귀가 아닌 변기에서 쉬하려고 하는 시도를 합니다. 처음에는 당연히 그냥 변기에만 앉았다 일어나는 경우가 있지만, 간혹가다가 변기에 앉아서 운 좋게 소변을 눌 수 있겠지요. 그러면 "우리 아육이가 변기에 쉬했네. 잘했어! 다음에도 우리 변기에 쉬해 보자!" 하면서 가볍게 칭찬해 줍니다. 이런 성공 경험이 조금씩 쌓이면서 아이의 배변 훈련이 진행돼요.

할머니(아이의 조모, 외조모)들이 가끔 "너희는 돌 때 다 기저귀 뗐다."라고 이야기할 때가 있어요. 그런데 이게 현실적으로 정말 가능한 걸까요? 이른 시기에 배변 훈련을 하는 게 완전히 불가능한 건 아니라고 알려져 있어요. 요즘은 서양 문화권이나 우리나라도 다들 일회용 기저귀를 사용하지요. 그런데 부모님 세대에는 천 기저귀를 사용했고, 그걸 세탁하는 건 엄청난 노동이었어요. 기저귀를 사용하지 않는 나라들은 보통 12개월 이내에 배변 훈련을 완료한다고 보고되고 있어요. 우리의 부모님들은 돌 전후에 실제로 배변 훈련을 실시하고 완료했던 거예요.

요즘에는 문화 센터나 키즈 카페에 가는 등 외출이 잦기 때문에 아무래도 기저귀를 떼는 시기가 빠르진 않을 거예요. 그리고 일회용 기저귀를 사용하다 보니 아이와 부모 모두 큰 불편함이 없고요.

너무 어린 시기에 일찍 배변 훈련을 시작하면 아무래도 배변 실수가 잦을 수 있어요. 이런 경우 부모가 침착하게, 강압적이지 않게, 평온한 태도를 잘 유지하는 게 가능할지 걱정이 됩니다. 배변 훈련은 아이에게도 부모에게도 큰 숙제 같은 과업이고, 이 시기가 아이의 발달 단계에서 아주 중요하기도 하고요.

정신분석학자 지그문트 프로이트는 이 시기를 '항문기'라고 했어요. 이 시기에 부모가 배변 훈련을 너무 엄격하게 시키면 아이가 항문기에 고착되어 어지르고 무질서한 사람이 되거나, 지나치게 깨끗한 결벽증, 완벽주의자의 성격이 형성될 수 있다고 했어요. 에릭슨은 이 시기 아이들이 신체 발달이 이루어지면서 적극적으로 주위를 탐색하고 무엇이든지 스스로 해 보려고 하는데, 이때 배변 훈련을 너무 엄격하게 시키면 아이는 수치심이 생기고 자율성 발달에 해를 끼친다고 했어요.

　배변 훈련은 아이 인생에 매우 중요한 과업입니다. 아이의 발달 수준을 잘 확인해 보고, 아이의 몸과 마음이 준비되었을 때 강압적이지 않게 진행하세요.

Tip Page

배변 훈련이 어렵다면 아래 사항을 체크해 봐요!

배변 훈련 준비 과정
☐ 변기랑 익숙해지도록 관련 놀이를 충분히 했나요?
☐ 무작정 변기에 앉히거나 강요했나요?
☐ 아이에게 맞는 변기를 준비했나요?
☐ 화장실에 들어가는 것을 무서워하나요?
☐ 아이가 배변 훈련을 싫어하는데 밀어붙였나요?

배변 훈련 중간 과정
☐ 아이가 배변 실수를 할 때마다 화내거나 한숨 쉬었나요?
☐ 강압적으로 기저귀를 벗기거나, 변기에 앉히거나, 팬티를 입혔나요?
☐ 아이가 배설한 대소변에 대해 더럽다는 표현을 했나요? (언어적 또는 비언어적으로)
☐ 아이가 배변하기 쉽게 환경 조성을 했나요? (아기 변기, 변기 커버 등)
☐ 배변 훈련 과정에서 기관과 가정, 혹은 양육자 사이에서 일관적인 원칙을 공유했나요?

배변 훈련 마무리 과정
☐ 기저귀에서 팬티로 바꾸려는 시도를 급하게 했나요?
☐ 기저귀를 너무 빨리 제거했나요?

새로운 환경으로 변화
☐ 어린이집, 유치원 등 기관을 처음 가거나 옮겼나요?
☐ 동생이 태어난 지 얼마 되지 않았나요?
☐ 돌봄 선생님, 기관 선생님의 변화가 있나요?

스트레스 요인
☐ 부모와의 관계, 친구, 선생님 관계가 원활한가요?
☐ 학업이나 성취에 대한 스트레스 요인이 있나요?

의학적 요인
☐ 염증이나 방광에 문제가 있나요?

4장

스스로 할 수 있어요

나무 단계 | 세네 돌 전후 (30~48개월)

1

세네 돌 전후 (30~48개월)
이렇게 발달해요!

1
신체 발달

세 돌 전후로 아이들은 모든 면에서 놀라운 발전을 보여요. 특히 신체 능력이 급속도로 발달해서 잘 걷고 뛸 뿐 아니라, 한 발로 뛰기도 하고 어른의 도움 없이 계단을 오르내릴 수 있어요. 이전 시기까지는 부모가 한시도 눈을 뗄 수 없을 정도로 아이를 계속 주시해야 했지요. 여차하면 아이가 넘어지고 부딪칠 수 있는 상황이기에 부모는 늘 촉각을 곤두세워요. 그러다 아이가 세 돌쯤 되면 이제는 힘도 어느 정도 생기고, 몸의 균형도 잘 잡아서 아이들의 행동반경이 더 과감해지고 자유로워집니다.

아이들은 이 시기에 자율성과 주도성을 키워요. 부모 역할도 이전 시기에는 아이의 일거수일투족을 따라다니면서 아이의 안전과 보호에 힘썼다면, 이제는 뒤로 한 보 물러서서 지켜볼 수 있어야 해요. 물론 방임하라는 뜻은 아닙니다. 가까운 거리에 있되, 하나하나 챙기고 간섭하지 않아도 된다는 의미예요. 아이가 자신을 유능한 존재로 믿고, 자신감 있게 행동할 수 있도록 도와주는 거예요.

이전 시기에는 안전과 관련한 기본적인 규칙을 설명한다면, 그 규칙 안에서 아이 스스로 자유롭게 신체 활동을 즐길 수 있어요. 신체 활동은 감각을 통합하고 뇌 발달을 돕기 때문에 아이들은 이 시기에 자유롭게 뛰고, 점프하고, 기어오르고, 내려오는 등 다양한 대근육 활동을 경험해야 해요.

요즘의 사회 분위기는 어릴 때부터 인지나 언어 발달을 중요하게 생각하다 보니, 신체 활동을 소홀히 여기는 경향이 있어요. 이 시기에는 인지와 언어 발달도 중요하지만, 무엇보다도 아이들이 자신의 몸을 스스로 움직여 보고 통제감을 경험해 보는 것이 가장 중요합니다. 이 경험은 다른 영역이 잘 발달하는 데 기초가 되기 때문이지요.

이 시기는 대근육뿐만 아니라 소근육도 발달해서 아이가 즐길 수 있는 놀이가 더 풍부해져요. 예전에는 크레파스나 붓처럼 두께감이 있고 부드러운 도구로 그림을 그렸다면 이 시기에는 사인펜, 가는 색연필, 연필 등으로 동그라미, 세모, 네모 등을 그릴 수 있어요. 또한 테두리 안을 채워서 색칠하기, 선 따라 가위로 오리기, 풀로 붙이기 등을 시작할 수 있지요. 좀 더 능숙해지려면 시간도 더 많이 흐르고 그만큼 연습도 충분해야 해요.

　소근육 놀이나 활동을 좋아하는 아이는 걱정이 없지만, 그렇지 못한 아이들은 이 시기에 부모가 관심과 인내심을 갖고 아이가 하나하나 찬찬히 해 보도록 격려해야 해요. 소근육 발달이 중요한 이유는 자조 기술 발달과 직접적인 관련이 있기 때문이에요. 이 시기에는 단추 잠그고 풀기, 지퍼 올리고 내리기, 옷 스스로 입고 벗기, 신발 신고 벗기 등 다양한 자조 기술을 충분히 연습해야 해요. 아이가 서툴고, 부모가 기다려 줄 시간이 없다는 이유로 자꾸만 아이의 손발이 되어 주면 결과적으로 아이의 발달을 방해하는 결과를 초래합니다.

　만약 아이가 소근육 놀이나 자조 활동에 흥미도 없고 자신감도 없다면, 부모에게 다 해 달라는 아이의 요구를 순순히 받아들여서는 안 돼요. 아이가 아직 할 수 있는 역량이 안 된다고 하더라도 배워야 하는 목표 행동을 작은 조각으로 나눠서 한 단계 한 단계 능숙해지도록 연습해야 해요.

　예를 들어 양말을 신겨 달라고 한다면, 발을 양말 안에 넣는 것은 부모가 살짝 도와주더라도 발목 부분을 길게 올리는 것은 아이가 스스로 할 수 있게 기회를 주는 것이지요. 이때 부모의 역할은 아이가 지치지 않고 꾸준히 연습할 수 있도록 화내지 않고 묵묵히 기다리고 지켜보는 것입니다.

2 인지 발달

　세 돌 전후의 아이들의 인지 발달도 중요한 변화를 겪는 시기예요. 이 시기의 아이들은 이전보다 뭐든지 빠르게 배우고 학습하는 것처럼 보여요. 또한 자기를 둘러싼 주변 세계에 대해서도 이해가 넓고 깊어지면서 복잡한 사고의 과정을 발전시켜 나가지요.

　특히 이 시기 아이들은 상상력과 상징적 사고를 사용해서 상상놀이를 하는 능력이 생겨요. 아이들의 역할놀이가 꽃을 피우는 시기라고도 할 수 있지요. 큰 상자를 이용해 집이나 가게, 자동차를 만들 수 있어요. 또 인형을 가지고 가상의 친구를 만들어서 혼자서도 얼마든지 신나게 놀 수 있지요. 그림책을 읽을 때도 아이들은 자신만의 상상력을 동원해서 무궁무진한 세계를 만듭니다. 따라서 이 시기 아이들과는 함께 역할놀이도 하고, 그림책도 읽으면서 상상력을 자극하는 게 인지 발달에 큰 도움이 돼요.

세 돌 전후의 아이들은 특정 행동이나 사건이 어떤 결과를 이끈다는 '원인과 결과의 관계'를 이해하기 시작해요. 그리고 기억력도 발달해서 오래된 기억, 장기 기억 능력도 눈에 띄게 발달하지요. 가족여행에 가서 있었던 재미있던 일이나 친구랑 있었던 특별한 경험도 오랫동안 기억하고 자주 이야기하는 모습을 보여요. 이런 인지 발달을 통해 아이들은 새로운 것을 빠르게 배웁니다.

예를 들면, 블록을 쌓아 탑을 만들 수 있다는 것을 이해하고, 바깥 놀이에서도 비가 오면 옷이 젖고 놀이터가 젖어서 놀 수 없다는 것도 경험을 통해 이해해요. 그림책을 읽을 때도 주인공이 어떤 선택을 할지, 그로 인해 어떤 일이 일어났는지 이해하면서 이야기에 더 큰 재미를 느낄 수 있어요. 이러한 인지 과정의 발달을 통해 아이들은 더 고차원적인 사고를 위한 준비를 해요. 그리고 이런 사고의 발달은 훈육도 훨씬 수월하게 도와줍니다.

논리적 사고와 조직화 능력도 발전해요. 크기, 색깔, 모양 등에 따라서 사물을 분류하고 정렬할 수 있지요. 예를 들어 블록을 빨강 블록, 노랑 블록, 파랑 블록으로 분류할 수도 있고, 크기에 따라 분류해서 다르게 쌓으며 놀이할 수도 있어요. 일상에서 아이가 입는 옷을 상의, 하의, 속옷, 양말 등으로 분류하고 정리하는 활동을 통해서 아이의 조직화 능력의 발달을 도와줄 수도 있습니다.

3

사회·정서 발달

아이들은 만 3세를 전후로 수치, 당황, 죄책감, 자랑스러움과 같은 복잡한 정서도 느끼게 됩니다. 이런 정서들을 '이차적 정서'라고 해요. 자기를 인식하고 자기를 평가하는 능력이 필요한 정서이기 때문에 '자기의식적 정서'라고도 하지요. 그래서 이 시기 아이들은 어떤 행동을 했을 때 잘못했다는 말을 들으면 죄책감을 느끼고, 칭찬하고 격려하면 자부심을 느낍니다. 즉 아이들은 양육자의 피드백과 지시를 통해 자기의식적 정서를 발달시키지요.

다른 사람의 감정을 인식하고 이해하는 능력도 많이 향상돼요. 만 3세가 되면 아이들은 자신과 다른 사람의 마음이 다르다는 것을 구분할 수 있어요. 이 시기 아이들의 정서 조절 능력은 점점 발달하므로 두 돌 때처럼 심하게 떼쓰는 행동은 많이 줄어들어요. 그래서 '세 돌 되면 사람 된다.'라는 말이 있지요. 아이가 떼를 쓸 때도 아이의 감정을 수용하고 말로 차분히 설명하면 아이가 이해하고 받아들이는 횟수가 늘어나요.

더 어린 시기 아이들을 훈육할 때 주의를 전환하는 방법을 많이 썼다면, 이 시기 아이들을 훈육할 때는 욕구/감정 읽기→행동 제한→대안 제시의 3단계를 거칠 수 있어요. 그래도 아직 이 시기 아이들은 자신의 정서를 인식하고 말로 표현하는 데 익숙하지 않아요. 그래서 아이의 정서를 양육자가 말로 표현해 주고, 아이와 함께 이야기를 나누는 것이 아이의 정서 표현과 정서 이해 능력을 키우는 데 많은 도움이 돼요.

예를 들어 길에서 갑자기 큰 개를 만나 움츠러든 아이에게는 "큰 개를 보고 깜짝 놀랐구나." 하고, 친구가 장난감을 뺏어 가서 소리 지르며 우는 아이에게는 "친구가 이유이 장난감 뺏어서 화났어." 하고 아이의 마음을 읽고 표현해 주는 거예요. 이런 경험이 반복되면 아이는 다양한 상황에서 자신이 느낀 기분을 말로 표현하는 능력을 키울 수 있어요.

친구들과의 놀이 형태도 많이 발전해서 이제는 친구와 같은 장난감을 가지고 함께 놀거나 여러 명의 친구와 "내가 엄마 할게, 네가 아빠 해." 이렇게 간단한 역할을 정해서 함께 놀이하는 것도 가능해요. 놀이할 때도 친구와 한 번씩 번갈아 가면서 하는 정도의 간단한 규칙은 지키고 이해할 수 있지요.

이 시기 아이들은 특히 역할놀이를 많이 하는데요. 놀이 속에서 다양한 역할을 경험하면서 타인의 감정과 생각을 이해하는 연습을 해요. 또래와 어울리는 상황에서 사회성을 연습할 기회가 많이 생기기 때문에, 친구들과 함께 놀 기회를 많이 가지는 게 좋습니다. 이때 아직은 자기중심성이 강한 유아기이므로, 친구들과 놀이할 때 아이를 잘 지켜보다가 순서 지키기, 양보하기, 배려하기, 장난감 나눠 쓰기 등을 양육자가 적절히 개입해서 도와주는 것이 좋아요.

4 언어 발달

 세 돌 전후로 아이들의 언어 발달은 드라마틱하게 이루어집니다. 이전 시기에서 "아직 말이 느리네." 하고 은근히 걱정했던 아이들도 언제 그랬냐는 듯 하나둘 말이 트여 하루가 다르게 발전하지요. 이전까지는 주로 명사 위주로 어휘를 습득했다면, 이제는 형용사, 동사, 부사 등 다양한 어휘를 빠른 속도로 익혀요. 한 번에 어휘 서너 개를 이용해서 보다 능숙하게 문장으로 말하게 되니 어른들과도 제법 소통이 됩니다.

 언어 능력이 크게 발달하다 보니 훈육을 할 때도 비로소 '말이 통하는' 시기가 돼요. 예를 들어, 이전 시기에는 마트에서 장을 보다가 아이가 장난감을 사 달라고 조르면 "저쪽에 아육이 좋아하는 물고기 보러 가자." 하고 주의를 전환해서 아이의 떼쓰는 행위가 더 지속되지 않게 했어요. 주의를 전환하는 방법이 효과가 없고 아이가 급기야 바닥에 드러누워 울고 소리친다면, 우는 아이를 번쩍 들어 안아서 마트 밖으로 나가야 한다고 했지요. 그런데 세 돌이 되면 다릅니다. 세 돌 아이는 언어 이해력과 표현력이 크게 발달했으므로, 정서 조절과 행동 통제를 하는 데 언어를 활용하여 가르칠 수 있어요.

이 시기에는 언어를 매개로 아이와 문제 상황에 대해 예측하고, 그 상황에서 부모가 어떻게 말하고 지도할지 설명해 준다면 이전 시기와 비교해서 훨씬 효과적인 훈육을 할 수 있어요.

이 시기가 되면 아이는 자신의 욕구와 감정을 언어로 표현할 수 있어요. "나 속상해.", "나도 블록 놀이 하고 싶단 말이야!", "오빠 먼저 하고 나 줘." 이렇게 말이지요. 이전 시기에 훈육하는 과정에서 행동의 옳고 그름에 대해 충분히 인지하고, 그래서 화를 내거나 떼쓰지 않고 위와 같이 자기표현을 잘할 수 있으면, 부모의 훈육거리는 반으로 줄어들 거예요.

언어는 크게 음성 언어, 문자 언어로 분류할 수 있어요. 발달이 빠른 아이는 이 시기에 문자에 관심을 갖고 익숙한 글자를 읽기도 합니다. 교육에 관심이 많은 부모는 이 시기부터 아이에게 한글이나 영어를 가르치기도 하지만, 이는 시기상조예요.

아이가 글자에 스스로 관심을 갖고, 질문하고, 답을 들으면서 저절로 한글을 깨치는 건 괜찮아요. 그러나 이 시기에 일부러 문자를 가르칠 필요는 없어요. 오히려 글자를 학습하기 이전에, 음성 언어의 뿌리가 더 단단하게 자리 잡도록 아이와 음운 인식을 높이는 말놀이를 많이 하는 게 좋습니다. 이 시기 아이들에게는 말을 주고받으며 즐기는 놀이가 언어 발달에 더 적절한 활동입니다.

예를 들어, 글자 '가'가 들어가는 단어 말하기처럼 특정 말소리가 들어가는 단어 찾기나 두세 글자 낱말 찾기 등이 좋습니다. 끝말잇기 같은 고전적인 말놀이도 아이들에게는 새롭고 재미있는 놀이지요. 이렇게 음운 인식을 높이는 말놀이는 아이들의 어휘력, 사고력 발달에 도움이 되고, 발음도 좋아지고, 누군가와 함께 노는 활동이므로 사회성에도 좋은 영향을 줘요.

여기서도 주의할 점은 이전보다 언어가 발달했다고 해서 훈육이 한 번에 척척 될 거라는 기대는 말아야 합니다. 이 시기 아이들도 여전히 행동과 감정을 조절하는 법을 배우고 있는 단계예요. '말귀도 다 알아듣고, 말도 이렇게 잘하는데 뭐가 문제야!' 하는 생각이 든다면 '아직 더 커야 하는구나.' 하고 마음을 다시 다잡아 보세요.

2

세네 돌 전후 (30~48개월)
이럴 때는 어떻게 해야 할까?

1
다른 사람을 때리는 아이

1단계	마음 읽기	친구가 기다리지 않고 그네 타서 화가 났구나.
2단계	행동 제한하기	그런데 아무리 화가 나도 다른 사람을 때리면 안 돼.
3단계	대안 제시하기	"내 차례야. 내가 먼저 타고 너 타." 하고 친구에게 말하자.

세 돌이 지나면서 아이들은 언어 표현 능력이 많이 발달했고, 또 누군가를 때리거나 물건을 던지는 행동이 옳지 못한 행동이라는 사실을 인지하고 있어요. 그렇다고 해서 문제 행동이 다 사라지는 건 아니지요.

이 시기 아이들은 어린이집이나 유치원 등 기관 생활을 하고, 기관에서 또래와의 상호 작용이 활발해집니다. 주도성은 높아져서 스스로 하고 싶은 욕구는 강하지만, 어떤 상황이나 다른 사람에게 부딪혀 자기의 욕구대로 하지 못할 때가 자주 있지요. 아이들은 이럴 때 어떻게 말하고 타협하는지에 대한 기술이 여전히 부족해요. 아직 자기중심성이 강하기 때문에 다른 사람의 입장을 생각하고, 나의 정서와 행동을 조절하는 것도 쉽지 않습니다.

그러나 이런 능력을 키우는 데 결정적 시기라고 할 만큼, 이 시기 아이들에게는 '다른 사람을 때리지 않는 것을 배우는 것'이 매우 중요한 과업이에요. 이 시기에 배우지 못하면 이후 기관이나 학교에서 원만한 생활을 하기 어려울 수 있어요. 따라서 이 시기의 유아를 키우는 부모는 반드시 이 부분을 진지하게 생각하고 아이를 지도해야 합니다.

이 시기 유아라면 흔히 경험할 듯한 이야기를 예로 들어 볼게요. 아육이가 그네를 타려고 놀이터에 갔어요. 먼저 다른 친구 A가 그네를 타고 있어서 아육이는 기다려야 했지요. A가 그네를 그만 타고 자리를 벗어나자 아육이는 그네를 타려고 했어요. 그런데 갑자기 B가 쌩하고 달려와 그 그네에 다시 앉았어요. 아육이는 화가 나서 B의 머리를 주먹으로 탁! 때리고 "내 차례야. 나와!" 하고 소리를 질렀어요. 결국 B는 엉엉 울어 버렸어요.

평소에는 점잖게 순서를 잘 지키는 아육이지만 새치기를 당하자 화가 나서 친구를 때린 상황이에요. 이럴 때 당연히 훈육을 해야겠지요. 그런데 어떻게 가르쳐야 할까요?

이런 다급한 상황에서는 제일 먼저 때리는 행위를 중단시켜야 해요. 부모는 두 아이를 물리적으로 충분히 떼어 놓은 다음, 아육이가 흥분을 가라앉힐 수 있게 시간을 줍니다. 그러고 나서 감정을 읽어 주세요. "아육아, 그네 타고 싶어서 기다렸는데, 다른 친구가 먼저 타서 화가 난 거지." 하고 담담하게 이야기해요. 이때 아이의 마음 읽기가 길어지면 훈육의 본질이 흐려질 수 있으므로, 최대한 담담하고 간결하게 말해요. 그런 다음 단호하게 행동을 제한합니다. "아무리 화가 나도 다른 사람을 때리면 절대 안 되는 거야." 하고 말해요. 이때 주의를 전환하면 절대 안 돼요. 이런 상황에서 어떻게 말하고 행동해야 하는지 지도해야 합니다. "아육아, 그럴 때는 '내 차례야.' 하고 말하는 거야." 하며 가르칩니다.

부모가 먼저 대안을 알려 주지 않고, '상대방에게 어떻게 말하면 좋을지' 아이가 직접 떠올릴 수 있게 기회를 줄 수도 있어요. "아육아, 이럴 때는 친구한테 뭐라고 말해야 할까?" 하고 말이지요. 그러면 아이들은 "내가 먼저 기다리고 있었어. 나 타고 너 타.", "나 먼저 열 번 타고 너 줄게." 등 스스로 할 말을 잘 떠올리기도 해요.

무엇보다 아이가 직접 친구에게 사과하도록 지도해야 해요. 맞은 아이에게 부모가 대신 사과하거나 맞은 아이 부모에게 사과의 말을 건넨다 해도, 아이가 친구에게 직접 사과를 안 하고 상황이 종료되면 아이는 자신의 행동에 대한 책임감을 배울 수 없으니까요.

때리는 아이는 기질적으로 성미가 급하고 다소 감정적일 수 있어요. 그렇기 때문에 때리는 행동이 나쁘다는 건 알지만 비슷한 상황에서 다른 사람을 또 때릴 수 있어요. 이럴 때는 부모가 집에서 아이와 함께 상황을 만들어서 때리지 않고 말로 표현하는 것을 연습하는 것이 좋습니다. 또한 당분간은 친구를 만났을 때 아이 곁에서 행동을 주시하다가 아이가 때리는 행동을 하기 전에 제지하고, 말로 표현할 수 있도록 도와야 해요.

이 시기는 또래에 대한 관심은 높아졌지만 이타심이나 공감 능력은 별로 없기 때문에 또래 관계에서 생기는 문제 상황이 많아요. 예를 하나 더 들어 볼게요.

아육이가 친구 A 집에 놀러 갔어요. 아육이는 친구 A가 갖고 노는 변신 로봇이 마음에 들었지요. 그 로봇을 갖고 놀고 싶었던 아육이는 A에게 "나 그 로봇 갖고 놀아도 돼?"라고 물었어요. A는 싫다고 말하고 혼자 갖고 놀았어요. 화가 나고 속상한 아육이는 결국 친구 A의 머리를 툭 때렸어요.

이런 상황이 되면 아육이의 속상한 마음도 이해는 됩니다. 그런데 그 마음이 이해가 된다고 해서 "에이, 아육아! 그래도 친구 때리면 안 되지……." 하고 말끝을 흐리면서 대충 지나가면 절대 안 돼요. 친구를 때리는 행동은 일관적으로 단호하게 다뤄야 할 훈육 행동입니다. 여기서 무조건 혼내고 때리지 말라고만 하면, 아이 입장에서는 답답하고 억울해서 문제 행동을 더 크게 할 수 있어요. 그러니 3단계 훈육 방법을 적용해서 아이를 현명하게 지도해 볼까요?

1단계	마음 읽기	로봇 장난감 갖고 놀고 싶은데 친구가 혼자만 갖고 노니까 속상했구나.
2단계	행동 제한하기	그렇지만 친구 때리면 절대 안 돼.
3단계	대안 제시하기	친구한테 다른 로봇 장난감 있는지 물어보자. 다른 장난감은 뭐가 있는지 물어보자.

아율이에게 이렇게 다른 장난감을 갖고 놀게 하다가, 적당한 시점에 친구 A에게 다시 다가가서 "이거 가지고 놀아도 돼?" 하고 물어볼 수도 있어요.

만약 친구가 안 된다고 하면 어쩔 수 없다는 것도 알아야 해요. 이런 상황을 한 번 겪고 나면, 나중에는 친구 집에 놀러 갈 때 나도 우리 집에서 장난감 하나를 챙겨 가 친구와 바꿔서 노는 것을 제안할 수 있어요. 이런 상황에서는 친구 A도 지도를 받아야 해요. 친구를 집에 초대했다면 친구와 장난감을 함께 가지고 놀 마음의 준비를 해야 한다는 것, 공유하고 싶지 않은 장난감이 있다면 친구가 놀러 오기 전에 미리 안 보이는 곳에 정리해 둬야 한다는 것 등을 가르쳐야 합니다.

아이들 사이에서 이런 상황이 펼쳐지면 지금 당장은 마음이 불편할 수 있어요. 하지만 이렇게 문제가 발생했을 때 어떻게 대처해야 하는지, 문제가 발생하지 않으려면 어떤 점을 주의해야 하는지 등을 배우고 성장할 좋은 기회라는 점, 잊지 마세요!

엄마 아빠, 이런 말은 안 돼요!

- 아욱아, 친구 때리면……. (단호하지 않고 끝을 흐리는 말투)
- 너 화난다고 그렇게 친구를 때리면 누가 너랑 놀겠니? (협박)

2
마트에서 드러눕는 아이

1단계	마음 읽기	장난감 갖고 싶은 거구나.
2단계	행동 제한하기	장난감은 사 줄 수 없어. 여기는 사람이 많은 곳이라 이렇게 누워 있으면 안 돼. 여기서 이렇게 소리 지르고 울면 안 되는 거야.
3단계	대안 제시하기	장난감은 아윤이 생일(부모님과 장난감 사기로 약속한 날)에 살 수 있어.

유아기 아이들은 아직 자신의 감정과 욕구를 조절하는 능력이 미숙해요. 그래서 이 시기에도 자신이 원하는 대로 안 되면 소리 지르고, 울며 떼쓰고, 심지어 드러눕기까지 합니다. 아이가 마트에서 이런 행동을 한다면 그건 아마도 원하는 물건, 특히 장난감을 사지 않아서일 경우가 많지요.

이럴 때는 먼저 장난감을 사고 싶은 아이의 마음을 읽어 줍니다. "장난감 사고 싶은 거지.", "장난감 갖고 싶은 거야." 하고요. 그러고 나서 "엄마는 사 줄 수 없다고 이야기했어. 이렇게 사람 많은 곳에서 소리 지르고 울면 안 되는 거야." 하고 이야기해요. 제한하는 것과 동시에, 공공장소에서 당연히 지켜야 할 규칙에 대해서도 설명하는 거예요.

공공장소에서 아이가 소리를 지르고 울면 사람들의 시선이 집중되고 부모의 낯이 뜨거워져요. 주변 사람들이 '저 집 부모는 애를 어떻게 가르쳤기에, 쯧쯧!' 하면서 날 보고 있을 것 같다는 생각도 들지요.

빨리 상황을 끝내고 싶은 마음에 "알았어, 알았어! 사 줄게." 하고 떼쓰기에 허용적인 태도를 보이는 부모도 있어요. 그런데 훈육할 때 부모의 마음이 흔들리면 아이에게 제대로 된 훈육을 할 수가 없어요. 마음가짐을 단단히 해야 합니다. 지금 하는 훈육이 우리 아이가 자기 조절 능력을 키우는 데 꼭 필요한 과정이라는 것을 기억하세요.

만약 아이가 드러누워서 계속 떼를 쓰거나, 소리를 지르고 운다면 잠시 아이를 사람들의 왕래가 적은 곳으로 데리고 가서 진정할 때까지 기다려요. 일종의 타임아웃입니다. "아윤이가 화가 많이 났구나. 마음이 가라앉을 때까지 엄마가 기다릴게." 하고 아이가 스스로 진정할 시간을 줘요. 이렇게 밖에서 하는 타임아웃의 시간은 너무 길지 않아야 해요. 예를 들어 아이가 36개월이라면 2~3분 정도로 충분해요. 아이도 사람, 물건과 같은 자극이 많은 곳에서 벗어나 한적한 곳에 있을 때는 자기 감정을 더 잘 가라앉힐 수 있어요.

아이가 어느 정도 진정하면 "장난감 사 달라고 했는데 안 된다고 해서 화가 많이 났어. 그런데 오늘은 장난감 사는 날이 아니기 때문에 살 수 없는 거야." 하고 차분히 다시 이야기해 줍니다.

이런 일이 반복되는 아이라면 미리 마트에 가기 전에 계획을 세우고 가는 것이 좋아요. 예를 들어 마트에 가서 하지 않아야 할 일들 '사 달라고 조르지 않는다.', '뛰어다니지 않는다.', '아무거나 만지지 않는다.'와 같은 2~3가지 규칙을 정하고, 아이와 마트에 들어가기 전에 "우리 오늘 마트에서 지키기로 한 규칙이 뭐였지?" 하고 물어봐서 아이 스스로 규칙을 말하게 합니다. 또는 장보기 목록을 그림으로 그리거나 글씨를 써서 작성한 뒤, 장을 보면서 물건을 카트에 담을 때마다 아이가 하나씩 지우게 할 수도 있어요.

장을 보고 마트를 나설 때는 오늘 세운 규칙을 얼마나 잘 지켰는지 아이에게도 스스로 평가하도록 합니다. 그리고 잘 지켰다고 생각하는 부분에 대해서 양육자가 아이에게 칭찬을 해 주는 거예요. "오늘 마트에 와서 장난감 사 달라고 조르지 않기로 약속했는데, 아육이가 정말 약속을 잘 지켰네. 멋지다! 정말 잘했어!", "마트에 와서 엄마 손을 잘 잡고 걸어 줘서 고마워.", "아까 만지고 싶었는데 꾹 참고 엄마한테 만져도 되냐고 물어봤지? 잘했어." 하고 말이지요.

　잘못한 행동을 훈육하는 것도 중요하지만, 아이들은 자신의 잘한 행동을 양육자가 인정해 주고 칭찬해 줄 때 스스로 행동을 변화시키려는 마음을 키울 수 있답니다.

놀이터에서 집에 안 가려는 아이

1단계	마음 읽기	재미있게 놀고 있었는데 집에 가기 아쉽구나.
2단계	행동 제한하기	하지만 이제 집에 가야 해.
3단계	대안 제시하기	내일 우리 조금 더 놀자. 가기 전에 미끄럼틀 다섯 번 더 타고 가자. 집에 가는 길에 아육이가 좋아하는 노래 들으면서 가자.

아이들의 운동 능력이 발달하면서 놀이터는 더욱 즐거운 놀이 공간이 되지요. 아이들은 이전보다도 더 잘 뛰고, 계단도 마음껏 오르고, 미끄럼틀과 그네도 타면서 스스로 향상된 대근육과 미세한 운동 조절 능력을 마음껏 느낍니다. 체력이 좋아진 만큼 바깥 놀이 시간을 더 많이 필요로 하지요. 웬만해서는 만족하지 못하는 것처럼 보이기도 해요. 이런 시기에도 집으로 돌아가는 미션은 부모들

에게 여전히 힘든 일로 보입니다.

이 시기에는 놀이터에서 놀고 집으로 돌아가는 루틴이 부모와 아이 사이에 어느 정도 형성되었을 거예요. 어린이집이나 유치원이 끝나고 '놀이터에서 1시간 놀고 집으로 돌아간다.'라는 게 루틴처럼 고정되었을 수 있지요. 세 돌쯤에는 놀이터에서 집으로 가는 것 때문에 울고불고하던 두 돌 전후 시기보다는 조금 나아져서 어느 정도 설득과 타협이 가능해요.

앞에서 두 돌 전후에는 집에 가야 한다고 이야기를 하고, 그래도 아이가 받아들이지 않을 때는 주의를 전환하거나 번쩍 안아서 결국 집으로 가야 한다고 설명했는데요. 이제는 아이와 조금 더 대화를 나누면서 협상할 수 있어요.

예를 들어 평소와 다르게 놀이터에 도착한 시간이 늦거나 일찍 집에 가야 하는 상황을 상상해 봅시다. 아이에게 "아육아, 오늘은 시간이 늦어서 놀이터에서 조금밖에 못 놀아. 이제 집에 가야 해."라고 이야기했을 때 아이는 "아니야, 나는 더 놀고 싶어. 집에 가기 싫어."라고 말할 수 있어요. 그럴 때는 "오늘 조금밖에 못 놀아서 아쉽구나." 하면서 아이의 마음에 공감하고 반응해 줘야 합니다. 그다음에는 다시 한번 상황을 설명해야겠지요. "그런데 오늘은 시간이 늦어서 더 놀 수 없어." 하는 거예요. 이후의 반응은 어린 연령의 아이를 대할 때보다는 조금 더 다양할 수 있어요.

두 돌 전후의 어린아이들은 감정 조절도 미숙하고 상황을 이해하고 받아들이는 데도 어려움이 있기 때문에 계속 떼를 쓴다면 별수 없이 번쩍 안고 집으로 갔지요. 아니면 새로운 대상이나 주제로 주의를 환기하는 전략을 사용했고요.

하지만, 이제는 아이가 인지와 언어 능력이 크게 발달했기 때문에 더 구체적인 대화와 협상을 할 수 있어요. "집에 가야 하는데 가기 전에 어떤 걸 하면 좋을까? 아윤이가 좋아하는 미끄럼틀을 더 많이 타고 갈까?" 하면서 남은 시간 동안 어떤 기구를 이용해야 아쉬움이 덜할지 이야기를 나눠 볼 수 있겠지요.

아이가 먼저 대안을 제시할 수도 있습니다. "엄마, 그럼 내일은 놀이터에 더 일찍 와서 더 많이 놀자!" 하면서요. "그래그래. 내일은 우리 어린이집 끝나고 바로 와서 오늘보다 놀이터에서 더 많이 놀자." 하면서 아이가 제시한 대안을 수용하고 협상하는 거예요. 이러한 대화를 통해 문제가 해결될 때 아이에게 긍정적인 칭찬도 해 주면 더욱 도움이 돼요. "아윤이가 놀이터에서 집에 가는 게 아쉬웠을 텐데 기분 좋게 엄마랑 이야기 나누고 집에 가다니, 정말 고마워." 하면서 아이가 무작정 떼쓰지 않고 평화롭게 협상을 마친 것을 강화하는 거예요.

놀이터에서 집에 가는 상황은 매번 달라질 수 있어요. 아이가 자란 만큼 대화도 잘되고, 설득이 쉬워졌다가도 어느 날은 또 울고

불고 떼쓰면서 힘든 날이 있을 수 있지요. 아이는 계속 자라고 있지만, 매일 똑같을 수는 없으니까요. 아이가 어떤 모습을 보이더라도 부모는 일관되게 반응하고 행동하는 게 중요해요. 충분히 놀이하고, 집에 돌아와야 하는 시간에 안전하게 돌아올 수 있도록 도와주는 겁니다. 안정적인 상호 작용을 통해서 아이들도 적절한 규칙을 학습하고, 놀이터에서 놀이하는 것뿐만 아니라 집으로 돌아오는 과정에서의 갈등을 줄이는 기술도 학습할 수 있을 거예요.

4
식당에서 기다리지 못하는 아이

1단계	마음 읽기	앉아서 기다리기 힘들구나. 앉아서 기다리기 심심하구나.
2단계	행동 제한하기	하지만 식당에서는 돌아다니고 시끄럽게 하면 안 돼.
3단계	대안 제시하기	집에서 챙겨 온 책 보자. 아윤이가 좋아하는 그림 그리기 하자.

3장 두 돌 아이 훈육에서는 아이가 식당에서 소리 지르고 돌아다닐 때 부모가 환경을 조성하고 주의를 전환하는 방법이 최선이라고 설명했어요. 그 방식대로 아이를 지도했다면 이제부터는 아이들이 스스로 조절하고 외식을 즐길 수 있는 요소가 많습니다.

일단은 아이가 몸이 커져서 하이체어가 아니어도 보통의 의자에 앉을 수 있어요. 일일이 부모가 떠먹이지 않아도 어느 정도는 아이 스스로 숟가락질을 하고 물컵을 들고 마실 수도 있지요. 식탁 위를 숟가락으로 쿵쿵 내리치면 안 된다는 것도 알고 있어요.

이렇게 나열해 보니 정말 우리 아이들이 많이 컸지요? 그래도 아직까지는 음식 나오는 시간이 너무 길거나 조용한 고급 레스토랑을 방문하는 것은 지양하는 것이 좋아요. 서로 힘들고 후회만 가득한 식사 시간이 될 수 있거든요. 그렇지 않다면 이제 이 시기의 아이들은 음식 주문, 음식 나올 때까지 앉아서 기다리기, 음식 맛있게 먹기 등 일련의 외식 활동을 즐길 수 있어요. "아윤아, 돈가스 먹고 싶어? 아니면 함박스테이크 먹고 싶어?"라고 물어볼 수도 있지요. 아이가 직접 음식을 선택하면, 아이는 음식을 기대하며 기다릴 수 있어요.

기다리는 동안 물컵을 놓는다든지, 수저를 가족 수만큼 세팅하는 것을 아이가 도와서 한다면 자율성과 주도성을 키울 수 있을 거예요. 그래도 음식이 나올 때까지 기다려야 하는 시간이 있지요. 기다리는 시간이 심심하지 않도록 미리 놀잇감을 준비해요. 이 시기에는 끼적이기나 그림 그리기를 좋아할 때이므로 작은 손가방 안에 종이와 크레용, 색연필 몇 개만 챙겨도 이 기다림의 시간을 잘 보낼 수 있어요. 스티커도 있으면 금상첨화겠지요.

책을 좋아하는 아이는 책을 챙기면 되고, 역할놀이를 좋아하는 아이라면 역할놀이 소품을 한두 개만 챙겨도 스마트폰 없이 시간을 잘 보낼 수 있습니다.

만약 이런 놀잇감을 안 챙겨 왔다면 어떻게 할까요? 놀잇감 없이 할 수 있는 놀이를 하면 돼요. 이 시기에는 아이들이 한창 말놀이에 재미를 느낄 때입니다. "우리 '고' 자 들어가는 낱말 찾기 할까?" 하면 평소에 이런 놀이를 즐겼던 아이들은 "좋아!" 하며 반깁니다. 수수께끼도 좋아요. "내가 힌트 3개를 줄 테니 끝까지 듣고 나서 뭐에 대한 설명인지 맞혀 봐!" 하면 그것을 맞히기 위해 아이들은 귀를 쫑긋 세우고 잘 들으려고 안간힘을 씁니다. 그러다 보면 어느새 기다리던 음식이 나오지요.

음식이 나오면 아이에게 좋은 식사 예절을 가르쳐 주세요. 음식물을 입에 한가득 넣고 말하지 않는다는 것, 쩝쩝 소리를 크게 내지 않는다는 것, 큰 목소리로 떠들면 주변 사람들이 불편하다는 것 등이 있지요. 아이가 기본 식사 예의를 익히면 가족끼리 외식하며 음식 맛에 대해서도 얘기하고 일상 대화도 편안하게 할 수 있어요.

만약에 '우리 집 아이들은 아직도 영상을 보여 줘야만 밥을 먹는다.', '앉아서 하는 그림 그리기, 말놀이 활동 등은 다 관심이 없고 오직 뛰어놀 생각만 한다.' 이러한 상황이라면, 아직 아이가 그만큼의 발달이 이루어진 거라 보기 어려워요. 그럴 때는 현재 40개월 전후라 할지라도 이전 시기의 안내를 참고해서 지도하는 것이 더 효과적이에요.

식사 예절, 습관 등은 절대 한순간에 이루어지지 않아요. 오랜 시간에 걸친 가족의 문화이자 부모의 지도와 연습의 결과이지요. 아이에게 좋은 식사 예절을 가르쳐야 하는 시기인데 부모가 음식을 앞에 두고 스마트폰만 보거나, 식사 시간에 아이를 나무라고 혼내는 말만 한다면 어떨까요? 아이가 정작 배워야 하는 본보기가 없는 거예요. 가정의 문화가 바로 서 있고, 부모가 인내심을 갖고 일관되게 지도해야 아이들이 좋은 습관과 예의를 배우고 익힐 수 있어요.

5

놀이하다가 마음대로 안 되면 우는 아이

1단계	마음 읽기	아윤이가 뭐가 잘 안돼서 속상하구나.
2단계	행동 제한하기	(말하지 않고 계속 짜증을 낸다면) 엄마한테 얘기할 준비가 되면 와. 기다리고 있을게.
3단계	대안 제시하기	짜증 내지 않고 그렇게 말로 이야기해 주니까 훨씬 듣기 좋네!

유아기 아이들은 자신의 감정을 언어로 표현하는 능력, 부정적인 감정이 들 때 스스로 조절하는 능력이 미숙해요. 그래서 놀다가 자기 뜻대로 안될 때 울거나 징징대고, 짜증 내는 행동을 보이기도 해요. 이럴 때 부모들은 "짜증 내지 말고 똑바로 말해.", "어허, 예쁘게 말해야지."라고 얘기하기도 합니다. 일단 짜증이 난 상태에서 부모가 예쁘게 말하라고 해서 감정을 바로 누그러뜨리고 말하는

것은 아이들에게는 어려운 일이에요.

먼저 아이가 어떤 상황에서 무엇 때문에 짜증이 났는지 살펴보고, 그 원인에 대해 이야기를 나눠 봐요. 만약 블록 쌓기를 하는데 자꾸 무너져서 "아, 이거 왜 이렇게 안 돼!" 하고 짜증을 내는 상황이라고 상상해 봐요. 그럴 때 "블록 쌓고 싶었는데 자꾸 무너져서 속상했구나. 엄마랑 같이 한번 해 볼까?" 하고 먼저 아이의 마음을 알아주며 대화를 시도해요. "여기 밑에 블록 개수가 조금 적었네. 그래서 자꾸 무너지는 것 같아." 하면 아이도 "응! 자꾸 무너진단 말이야." 하고 마음을 가라앉히고 대화에 응할 수 있어요.

만약 아이가 무엇 때문에 짜증이 났는지 알 수 없거나, 물어봐도 대답하지 않는다면 "아육이가 어떤 것 때문에 속상한지 알면 도와줄 수 있을 텐데, 엄마도 안타깝네. 얘기해 줄 수 있으면 그때 엄마한테 와." 하고 아이가 스스로 진정할 수 있을 때까지 기다려요.

아이가 속상한 이유를 이야기하고 놀이에서 어떤 게 잘 안됐는지 도움을 요청하면 양육자는 아이와 함께 문제를 해결하며 다시 대화를 이어 나가요.

아이가 "높이 쌓으려고 했는데 자꾸만 무너져." 했다면 "아~ 아육이가 높이 쌓고 싶었는데 자꾸 무너져서 속상했구나. 여기 밑에 블록을 더 튼튼하게 쌓아 보면 어때?" 하고 문제 해결에 도움을 주면서 아이가 짜증 내지 않고 말한 것에 대해 격려해요. "아육아, 짜증 내지 않고 그렇게 말로 이야기해 주니까 훨씬 듣기 좋다." 하고요.

아이가 자주 짜증을 낸다면 짜증 내는 행동에는 반응을 덜 하고, 아이가 말로 표현할 때 반응하는 것이 좋습니다. 바람직하지 않은 행동(짜증 내기)에는 덜 반응하고, 바람직한 행동(말로 표현하기)에 칭찬과 격려로 반응하면 아이의 바람직한 행동의 강도와 빈도가 더 증가해요. 이를 위해서는 아이가 짜증 낼 때 의연하게 대처하는 양육자의 태도, 아이의 감정과 욕구를 양육자가 언어화해 주는 경험이 많이 필요해요.

1장에서 설명한 감정 읽기와도 연결되는 부분인데요. 유아기에는 자기 감정과 욕구를 언어로 표현하는 데 능숙하지 않기 때문에 양육자가 아이의 상황과 감정을 연결해서 자꾸 말로 표현해야 해요. "블록이 자꾸 무너져서 화가 났구나.", "선을 반듯하게 그리고 싶었는데 잘 안돼서 속상해." 하고요. 이런 경험이 반복되면 아이들은 자연스럽게 어떤 상황에서 내가 어떤 기분을 느끼는지 이해할 수 있고, 그걸 말로 잘 표현하게 돼요. 그래서 부정적인 감정이 들 때 울고 소리 지르고 짜증 내기보다 "친구가 내 장난감 뺏어 가서 화나." 하고 자기 감정을 표현할 수 있답니다.

6
해 달라고 해서 해 줬는데 되레 짜증 내는 아이

1단계	마음 읽기	초코아이스크림이 마음에 안 들어서 실망했구나.
2단계	행동 제한하기	그런데 다른 아이스크림으로 주문을 바꿀 수는 없어.
3단계	대안 제시하기	같이 나눠 먹을까? 다음에는 다른 아이스크림 먹자.

세 돌이 지난 아이와 대화를 하다 보면 이제는 제법 대화가 통하는 듯해서 아이가 마치 다 큰 것 같은 착각이 들기도 해요. 아이가 말을 잘하다 보니 원하는 것도 더욱 분명하게 말하지요. 그런데 가끔 원하는 대로 다 해 줬는데 아이가 짜증을 내고 화를 내는 경우가 있어요. 부모 입장에서는 '해 달라는 대로 해 줬는데 얘가 왜 짜증을 내지?' 하면서 같이 화가 날 수 있어요. 하지만 그런 마음이 들

때 다시 생각해 봐야 하는 부분은 이 시기의 아이들이 말을 잘해서 다 큰 아이처럼 느껴지지만, 아직도 감정을 조절하고 표현하는 데 서툰 점이 많다는 사실입니다. 아이가 원하는 것을 정확하게 말하는 언어적인 표현도 당연히 미숙해요. 따라서 아이가 원하는 대로 부모가 해 준 상황에서도 어떤 이유로 아이가 화를 내고 짜증을 내는지 파악하는 과정이 필요해요.

먼저 아이가 어떤 마음인지, 무슨 생각을 하는지 이해하는 게 첫 단계예요. 아이가 왜 짜증을 내는지 그 이유를 침착하게 물어보고 대화를 나눌 수 있어요. 과도하게 감정적으로 반응하지 않고 평정심을 유지하면서 대화를 시도하는 것이지요. 아이를 잘 관찰하다 보면 아이가 왜 짜증을 내는지 쉽게 파악할 수 있는 상황이 있고, 도저히 이해되지 않는 상황도 있을 수 있어요.

아이스크림을 먹으러 간 상황을 예로 들어 볼게요. "어떤 아이스크림 먹을래?"라고 물어서 아이가 원하는 초코아이스크림을 골라 줬는데 아이가 갑자기 "이거 아니야~!" 하면서 짜증을 내는 거예요. 보통 아이가 기대했던 초코아이스크림과 실제 받아 든 아이스크림이 다른 경우나 다른 사람이 주문한 아이스크림이 더 맛있어 보이면 이런 반응을 보일 수 있어요.

"아윤아, 네가 생각했던 아이스크림이 이게 아니야? 그래서 실망했구나." 아니면 "아윤이가 아빠가 시킨 아이스크림이 더 마음에 드는구나!" 하고 아이의 마음을 이해해 주는 과정이 먼저 필요해요. 만약에 아이의 마음을 이해할 수 없다면 직접 물어봐도 됩니다. "아육아, 네가 달라고 한 초코아이스크림인데, 뭐가 마음에 안 들어?" 하고 물어보는 거예요. "과자가 없어.", "다른 거 먹고 싶어." 하면서 아이가 마음을 이야기한다면, 그 부분에 대해서 공감하고 이해해 줍니다. "아~ 과자가 없어서 속상했구나.", "초코아이스크림보다 다른 아이스크림이 더 맛있어 보였구나." 하면서 인정해 주는 것이지요.

그리고 나서 아이에게 상황을 제한하고, 원하는 해결책을 함께 이야기해 보고, 현재 상황에서 시도할 수 있는 적절한 방법을 함께 찾아볼 수 있어요. "그런데, 지금 아육이가 주문한 초코아이스크림은 이거라 바꿀 수 없어."라고 알려 주는 거예요.

부모가 대안을 제시하는 것도 가능하지만, 아이가 자라난 만큼 어떻게 해결하면 좋을지 대화를 통해 대안과 해결책을 찾아보는 과정이 이 시기에는 꼭 필요해요. 이 과정을 통해 아이는 스스로 문제를 인식하고 해결할 방법도 강구하면서 인지 및 사회적 기술을 발달시키지요. "아빠, 나랑 아이스크림 같이 먹을래?" 하면서 자신의 것과 아빠의 것을 같이 먹는 대안을 제시할 수도 있고, "다음에는 나 이거 안 먹고 다른 거 먹을 거야."라고 결심할 수도 있어요.

이렇게 아이가 자신의 부정적인 감정을 조절하고 대안에 대해서도 잘 이야기했다면 아이에게 칭찬을 해 주고 적절하게 자신의 생각과 마음을 표현하는 방법을 계속 알려 줄 수 있어요. "아윤아, 마음에 안 드는 상황에서 울고 짜증 낼 게 아니라 지금처럼 생각했던 거랑 다를 경우에는 '마음에 안 들어.', '속상해!'라고 이야기할 수 있어. 이렇게 말하면 엄마랑 아빠가 같이 어떻게 해결할 수 있을지 고민해 볼 수 있지."라고 이야기하면서 아이를 격려할 수 있어요. 아이에게 부정적인 기분이 들 때도 지켜야 하는 적절한 경계가 있다는 점을 알려 줘야 해요.

또 자주 일어날 수 있는 상황 중 하나는 아이가 원하는 장난감으로 놀이를 시작했다가 갑자기 짜증 내면서 화를 내는 상황이에요. 아이가 원했던 놀이와 실제 놀이가 다를 수도 있고, 놀다 보니 다른 놀이를 하고 싶을 수도 있지요.

이때도 역시 동일하게 아이의 감정을 이해하고 공감해 주는 과정을 거친 뒤에 아이가 원하는 것이 무엇인지, 어떤 것을 기대했는지에 대해 이야기 나누는 거예요. 그러고 나서 아이의 감정을 적절하게 표현하는 방법을 모델링 하면서 대안을 제시하는 것이지요. "아윤아, 블록 놀이를 했는데 이게 네가 원하는 게 아니었나 봐. 다른 거 하고 싶었어?"라고 이야기하고 "블록 놀이가 마음에 들지 않으면 다른 재미있는 놀이를 할 수도 있어. 어떤 놀이 하고 싶어?"

하고 대안을 제시하는 거예요. 아이가 잘 협조하고 부정적인 감정을 극복하면 칭찬해 주고 "지금처럼 '이 놀이 하고 싶지 않아요. 역할놀이 하고 싶어요.'라고 말하면 되는 거야. 네가 원하는 걸 잘 표현해 줘서 고마워."라고 격려합니다. 이러한 과정을 통해서 아이들은 스스로 감정을 이해하고 적절하게 대응하면서 표현하는 능력을 발달시킬 수 있어요.

7
형제자매와 갈등하는 아이

1단계	마음 읽기	장난감 자동차를 너희 둘 다 먼저 갖고 놀고 싶은 거구나.
2단계	행동 제한하기	싸우지 않고 장난감 자동차를 가지고 놀 방법을 찾아보자. 어떻게 하면 좋을까?
3단계	대인 지시하기 + 긍정 반응	(대안에 대해 이야기 나누기) 둘 다 싸우거나 뺏지 않고 사이좋게 놀 수 있는 방법을 찾았네! 얘들아, 멋지다! 잘했어!

아이들이 자랄수록 형제자매 관계에는 본격적인 갈등이 시작돼요. 이제는 더 이상 둘째도 마냥 아기가 아니니까요. 형제자매 관계에서 대부분의 갈등은 서로 원하는 것이 같을 때 많이 발생해요. 특히 하나의 장난감을 서로 갖고 놀고 싶어서 싸우는 경우가 많지요.

양육자는 형제자매 사이에서 갈등이 발생했을 때 절대로 심판관이나 방관자가 되면 안 됩니다. 양육자가 심판관이 되면 아이들이 무엇을 잘못했는지, 누가 더 잘못했는지 양육자가 시시비비를 따지고 처벌까지도 하게 돼요. 양육자가 "어휴, 몰라! 너희 둘이 알아서 해!" 하고 방관자가 되면 아이들의 갈등이 더 커지거나 서로 억울한 감정만 남은 상태로 흐지부지 끝나 버려요.

이보다 더 나쁜 상황은 양육자가 한쪽에게 일방적으로 양보를 강요하는 경우예요. "쟤는 아가잖아. 누나가 양보 좀 해라!", "네가 동생이니까 오빠 말 들어야지!" 이런 경우 양보를 강요당한 쪽은 마음속에 억울함과 분노만 남아요. 가장 중요한 것은 두 아이 모두 문제 해결 방법을 배우지 못한다는 점이에요. 그렇다면 형제자매 사이에 갈등이 발생한 경우, 어떻게 대처해야 할까요?

먼저 갈등이 벌어지고 있는 상황일 때 아이들에게 다가가 이렇게 말합니다. "잠깐만, 지금 뭔가 문제가 있는 것 같네.", "무슨 일인지 얘기해 줘." 그럼 아이들이 장난감을 서로 갖고 놀고 싶어서 싸우는 상황에 대해 이야기를 할 거예요. 그러면 양육자는 다시 아이들의 입장을 정리해서 이야기해 줍니다. "그러니까 둘 다 이 장난감을 먼저 갖고 놀고 싶은 거구나.", "너희들이 싸우지 않고 장난감 자동차를 가지고 놀 방법을 찾아보자. 어떻게 하면 좋을까?" 하고 아이들에게 의견을 낼 기회를 주는 거예요. 연령이 어린 경우 생각해 내기 어려울 수 있으므로, 이런 경우에는 양육자가 도와주는 것이 좋습니다.

아이가 '가위바위보를 해서 이긴 사람이 먼저 갖고 놀기'를 제안했다면 아이의 의견도 인정해 주세요. 그런데 평소에 아이들끼리 서로 가위바위보를 늦게 냈네, 빨리 냈네 하고 싸움이 나는 경우가 종종 있었다면 '주사위를 던져서 더 큰 숫자가 나오는 사람이 먼저 갖고 놀기'를 양육자가 제안할 수도 있어요.

시간을 정해서 5분씩 번갈아 가며 놀기, 다른 장난감을 가지고 와서 함께 놀기, 다른 놀이 하기 등이 의견으로 제시되었다면 이 중에서 두 아이의 의견이 일치하는 방법을 한 가지 고르게 해요. 의견이 여러 가지일 때는 양육자가 종이나 집에 있는 화이트보드에 써 보는 것도 좋지요.

장난감 때문에 흥분했던 상황에서 시간이 좀 지나고, 서로 이야기를 차분하게 나눈 뒤라면 아이들 또한 잘 생각해서 결정할 확률이 높아요. 두 아이 의견이 일치하는 방법을 찾았다면 "너희가 사이좋게 놀 수 있는 방법을 찾았구나. 얘들아, 멋져! 잘했어!" 하고 문제를 해결한 것에 대해 긍정적인 반응을 해 줍니다.

아이들이 이런 과정을 여러 번 거친다면 비슷한 문제가 생겼을 때 상대방과 의견을 조율하는 방법을 배울 수 있어요. 이후에는 자연스럽게 아이들의 문제 해결 능력이 향상되겠지요. 그리고 가정 내 형제자매 관계에서의 갈등 상황을 해결해 본 경험은 아이의 또래 관계로 확장되어 적용할 수 있답니다.

8
영상을 끌 때마다 떼쓰는 아이

1단계	마음 읽기	뽀로로 재미있었구나! 더 보고 싶어서 아쉽구나.
2단계	행동 제한하기	그런데 오늘은 영상 보는 시간이 다 됐어. 그런데 이제 끌 시간이야. (우리가 약속한 대로) 시곗바늘이 숫자 6에 왔어. 이제 꺼야 해. 내일 또 볼 수 있어.
3단계	대안 제시하기	아육이가 좋아하는 그림 그리기 하자. 이제 맛있는 저녁 먹자!

세 돌이 지나면서 영상을 아예 보지 않는 유아는 많지 않을 거예요. 스마트 기기와 영상은 그만큼 육아에 깊이 침투해 있지요. 그렇다고 해서 영상물이 꼭 나쁜 건 아닙니다. 전 세계적인 시류에 따른 자연스러운 현상이기도 하고요. 다만 유아 시기의 아이들은 행동의 규칙과 기준을 알고, 그 기준에 따라 감정과 행동을 조절하는 연습이 주된 발달 과업이라는 사실을 꼭 기억해야 해요. 이 점을

생각했을 때, 어쩌면 영상 시청과 관련된 규칙을 지키는 것은 자기 조절을 배우고 연습하는 아주 좋은 매개가 될 수도 있습니다.

만일 아이가 영상을 보다가 꺼야 하는 순간에 울며 떼를 쓴다면, 그리고 그 행동이 일주일 이상 반복적으로 나타난다면 가정의 영상 노출 환경을 점검해야 해요. 아이가 '영상을 보는 데 정해진 규칙이 있는가.'를 가장 먼저 살펴봐야 합니다. 의외로 가정마다 영상을 보여 주는 시간과 장소에 대한 규칙이 없는 경우가 많아요. 아이가 보고 싶다고 하면 제한 없이 보여 주고 있지는 않은지, 아이가 부모의 스마트폰을 허락 없이 가져가도 제한을 하지 않는지, 아이가 떼쓰거나 심심해할 때마다 부모가 먼저 영상을 틀어 주지는 않는지, 진지하게 되돌아볼 필요가 있지요.

육아가 어려운 것은 이렇게 원칙을 세우고 일관성 있게 나아가는 것이 어렵기 때문일 거예요. 물론 어쩔 수 없는 예외의 상황은 있습니다. 엄마 혼자 아이를 돌봐야 하는데 심한 감기 몸살에 걸렸거나 아빠가 급하게 재택근무를 하게 되면서 아이를 돌봐야 할 때 등 예기치 못한 상황이 발생할 수 있지요. 어쩌면 이런 상황이 있기 때문에 평소에는 더 원칙을 잘 지키려는 노력이 필요할 수도 있겠습니다.

이 시기에는 영상 시청 시간을 아이와 함께 정하기보다 부모가 권위를 갖고 정해야 해요. "우리는 하루에 30분씩만 영상을 볼 수 있어.", "딱 두 편씩만 보는 거야." 이런 식으로 말이지요. 아이가 미리 마음의 준비를 할 수 있도록 "저기 긴 시곗바늘이 숫자 3에 가면 끄는 거야." 하거나 타이머를 활용하는 것도 좋습니다.

 영상 시청에 대한 규칙을 정했다면 그 규칙을 따르는 연습을 해야 해요. 아이들이 규칙을 정할 때는 '잘 지키겠다'고 약속하고도 잘 지키지 못하는 상황이 왕왕 발생하지요. 이런 상황에서 훈육 3단계를 적용해 봅시다.

 우선 아이가 영상을 더 보고 싶은데 보지 못해서 속상한 마음을 표현한다면 공감을 해 줍니다. "아육아, 지금 본 영상 너무 재미있지." 그러고는 행동에 제한을 설정해요. "더 보고 싶어도 약속한 시간이 지나서 더 볼 수 없어. 우리 내일 또 보자."라고 이야기해 주고, 스스로 마음을 추스를 수 있도록 해요. 그다음에는 아이가 다른 활동으로 주의를 전환할 수 있도록 도와줘요. "이제 저녁 먹을 시간이야.", "아육이가 좋아하는 그림 그리기 할까?" 하는 등 아이가 다른 활동으로 자연스럽게 넘어가도록 하는 것이지요.

 그런데 아이가 감정이 격해져서 울고 소리치고, 급기야 물건을 던지거나 부모를 발로 차는 모습을 보일 때도 있습니다. 이런 상황에서도 부모는 흔들리지 않고 단단히 잘 버텨야 해요.

 이때 주의할 점은 "너 다시는 영상 못 볼 줄 알아!", "조용히 안 해!" 이런 식으로 화를 내면 안 된다는 거예요. 혹은 부모가 "어허!

누가 엄마 때려? 엄마 때리면 돼, 안 돼?" 하면서 새로운 훈육을 시작하는 경우도 많은데요. 지금 중요한 건 영상을 보다가 정해진 시간에 끄는 것을 가르치는 거예요. 아이의 잘못된 행동에 대해서는 "영상을 더 못 봐서 속상한 마음은 알겠지만, 물건을 던지면 안 돼!" 하고 단호하게 이야기해 주되, 그 행동에 집중해서 또 다른 훈육 상황으로 바뀌지 않도록 주의해요.

아이가 정해진 시간에 잘 껐다면 그 부분에 대해서도 충분히 칭찬해야 합니다. "아육이가 정해진 시간에 스스로 껐네! 멋지다!", "더 보고 싶었을 텐데 잘 참고 껐구나!" 이런 식으로 말이지요. 반대로 영상을 끌 때마다 울고 떼쓴다면 이에 대해 미리 이야기를 나누고 경고를 주는 것도 좋아요. "영상 끄기로 약속한 시간에 울고 소리치면 그다음 날에는 영상을 볼 수 없어." 하고 미리 경고를 하는 겁니다. 실제로 이런 경험을 몇 번 해 보면 그것도 아이에게는 조절력을 배우는 과정이 돼요.

영상 문제로 훈육을 하는 과정에서 부모가 먼저 지쳐서 포기하고 "이번 한 번만 보여 주는 거야. 내일은 꼭 시간 지켜야 해. 알았지?" 하면 아이의 떼쓰는 행동은 강화되고 다시 좋은 습관을 만드는 데는 더 많은 시간이 걸려요. 이렇게 했는데도 아이가 영상 끄는 순간에 항상 격한 상태가 된다면 이때는 당분간 영상을 끊고 일상의 기본적인 루틴을 지키는 데 목표를 두고 지내시길 바랍니다.

9
장난감을 나눠 쓰지 않는 아이

[아이 소유의 물건 나눠 사용하기]

1단계	마음 읽기	아윤이 장난감이라 혼자만 가지고 놀고 싶구나.
2단계	행동 제한하기	우리 집에 친구가 놀러 온 거니까 친구랑 같이 장난감 가지고 놀아야 더 재미있게 놀 수 있어.
3단계	대안 제시하기	그러면 아윤이가 제일 소중하게 생각하는 물건 하나를 빼고 나머지는 함께 가지고 노는 건 어떨까?

[공공의 물건 나눠 사용하기]

1단계	마음 읽기	이거 가지고 노는 게 재미있구나. 다른 친구들이랑 같이 가지고 노는 게 힘들구나.
2단계	행동 제한하기	하지만 이 장난감은 모두 함께 가지고 노는 물건이라 아윤이만 가지고 놀 수 없어.
3단계	대안 제시하기	우리 차례가 아니니까 조금 기다리자. (주의 전환) 아윤이가 좋아하는 ○○ 놀이 먼저 하고 올까?

이 시기의 아이들은 사회적인 상호 작용과 규칙을 학습하면서 다른 사람의 감정과 생각을 인식하기 시작해요. 하지만 아직은 완전히 성숙한 수준으로 다른 사람을 배려하거나 양보하는 것까지 기대할 수는 없어요. 다른 사람의 감정보다는 자기 자신의 욕구와 감정이 아직은 더 중요한 단계거든요. 그래서 이 시기에 또래 관계에서 자주 일어나는 갈등이 하나의 장난감을 여러 아이가 가지고 놀고 싶어 하거나 양보하지 않아서 생기는 갈등입니다.

친구를 집에 초대했는데 아이가 자기 장난감을 못 만지게 하거나 친구가 가지고 노는 장난감마다 쫓아다니면서 뺏고 방해해서 곤란한 경우, 겪어 본 적 있지요? 아이와 함께 잘 놀기를 기대했는데 아이가 이렇게 행동하면 상대 부모에게도 너무 미안하고, 아이 친구에게도 미안하지요.

아직 어린아이에게 무조건 본인의 장난감을 함께 쓰라고 강요하며 "같이 가지고 노는 거야!" 하고 화를 내거나 강압적으로 지시하는 건 지양해야 합니다. 어린아이들은 자기 소유의 개념도 함께 학습하는 단계거든요. 자기 소유의 장난감을 다른 사람과 공유해서 쓰는 것이 어려울 수 있다는 부분도 충분히 공감하고 이해받을 수 있어요.

이런 경우에는 친구를 초대하기 전에 아이와 함께 친구가 오면 예상되는 상황을 이야기 나눠 보고 대책을 세울 수 있어요. "아육아, 친구가 놀러 오면 아윤이 장난감을 같이 가지고 놀아야 해. 우리가 친구네 집에 갔을 때도 친구 장난감 같이 가지고 놀았던 거 기억나지? 즐겁게 놀이하려면 아윤이 장난감도 친구와 함께 가지고 놀아야 해." 하고 상황을 설명해 주는 거예요. 그러고 나서 "아윤이가 소중하게 생각하는 장난감 중에 친구랑 같이 가지고 놀기 어려운 장난감 있어? 그러면 그건 따로 잘 보관해 둘까?" 하고 친구가 만지지 않았으며 하는 장난감을 아이가 직접 선택하도록 해요. 친구랑 모든 걸 공유하라고 하지 않고, 공유하지 않고 싶은 장난감을 미리 빼놓을 수 있도록 하면 아이도 자신의 소유물로 인정받은 기분이 들어서 친구와 장난감 나누는 게 훨씬 수월할 수 있어요.

아이가 친구네 집이나 키즈 카페 같은 곳에서 공동의 소유물을 같이 사용하지 않겠다고 떼를 쓰면 그때는 더 확실하게 제한해요. 물론 아직 양보가 힘들고 장난감을 나눠 사용하는 게 어렵다는 건 이해해 줄 수 있어요.

예를 들어 키즈 카페에서 블록 놀이를 혼자 하고 있다고 칩시다. "아윤아, 블록 장난감 재미있지. 그런데 이건 다 같이 가지고 노는 장난감이라 혼자만 가지고 놀 수 없어. 친구, 언니, 오빠들이랑 같이 가지고 놀아야 해." 하고 이야기하는 거예요. "모두 함께 장난감 가지고 놀면 더 재미있게 놀 수 있어."라고 설명하고, 함께 공유하는 게 중요하다는 걸 더 설명해 줄 수 있어요. 공동의 물건을 함께 사용할 수도 있지만, 순서를 기다려서 이용할 수도 있기 때문에 아이와 함께 어떻게 하는 게 좋을지 대화해서 결정하는 과정을 거치는 것도 좋아요.

다른 친구가 먼저 가지고 놀고 있는 장난감이라면 "지금은 친구가 가지고 놀고 있어서 우리는 기다려야 해. 조금 기다리면 아윤이도 가지고 놀 수 있어."라고 말해 주고, 또 다른 장난감이나 활동을 제안해 볼 수도 있지요. "아윤아, 우리 인형 놀이 먼저 할까?" 하면서 주의를 전환할 수도 있어요.

이 내용을 훈육할 때는 아이 소유의 물건인지 아니면 공동의 물건인지에 따라서 접근 방법이 다르다는 걸 이해해야 해요. 부모 중에는 무조건 나누고, 양보하는 것을 미덕으로 여기는 경우가 간혹 있어서 아이에게 무리하게 양보를 강요하는 부모도 있어요. 아이의 소유를 인정해 주고, 그다음에 아이가 다른 사람의 마음을 좀 더 이해하고 자발적으로 양보하며 친구와 장난감을 함께 사용할 수 있도록 자연스럽게 유도하면 아이의 진정한 사회적 기술을 키우는 데 큰 도움이 될 거예요.

엄마 아빠, 이런 말은 안 돼요!

- 장난감을 나눠서 사용해야지! 너는 왜 너밖에 모르니? 왜 그렇게 이기적이야? (비난)
- 친구랑 사이좋게 나눠서 안 놀면 이제 앞으로 친구랑 못 놀아. (협박)

10

자위하는 아이

어느 날 아이가 성기 부분을 자꾸 만지거나 바닥에 대고 문지르는 행동을 보이면 부모는 크게 당황할 수 있어요. 아이들의 이런 행동을 '유아 자위'라고 하는데요. 여기에는 청소년이나 어른의 자위 같은 성적인 의미가 담겨 있지 않습니다. 아이들은 자신의 손발을 탐색한 것처럼 성기 또한 신체의 일부로 탐색하다가 '만지니까 기분이 좋네?' 하는 생각으로 이어질 수 있거든요.

유아 자위는 유아기에 흔한 일이고, 대개 자연스럽게 사라져요. 아이의 이런 행동이 일시적이라면, 엄마 아빠는 그냥 모르는 척하고 넘어가도 괜찮습니다. 만약 이때 아이의 행동을 비난하거나 야단친다면 아이는 수치심을 느끼고 자위행위를 하고 싶은 자신에 대해 죄책감을 느낄 수 있어요. 따라서 아이가 자위하는 모습을 보더라도 당황하지 말고 차분하게 대응하는 부모의 태도가 중요해요.

아이들은 지루하거나 심심할 때 자위행위를 하는 경우가 많아요. 이런 경우라면 아이가 흥미를 느끼거나 집중할 만한 다른 놀이를 제공해 줍니다. 예를 들어 아이가 바지 안에 손을 넣어서 성기를 조몰락거리면 그 행동을 직접적으로 언급하기보다 "여기 클레이가 있네. 이걸로 무슨 놀이 할까?", "어, 지난번에 새로 산 아육이가 좋아하는 공룡 그림책 같이 볼까?" 하며 주의를 전환하고 아이가 자연스럽게 두 손을 쓸 수 있는 상황을 만들어요. 재미있는 놀이로 아이의 관심이 옮겨 갈 수 있게 하는 것이지요.

어떤 경우 유아 자위는 불안이나 긴장을 해소하기 위한 방법으로 나타나기도 해요. 평소보다 자위의 빈도가 잦다면 아이의 불안을 자극하는 일이 있는 것은 아닌지 살펴봐요. 자위하는 빈도와 강도가 높으면 아이의 성기에 상처가 나기도 해요. 이럴 경우에는 아이의 행동을 제한하고, 그 이유에 대해 설명해 줍니다. "아육이의 음순/음경은 소중한 곳이지. 그런데 자꾸 손으로 만지거나 비비면 세균이 들어가서 아플 수 있어." 하고요.

이 시기에 성교육에 대해 고민하는 부모가 많은데요. 유아 성교육은 먼저 내 몸의 소중함을 아는 것에서부터 출발해요. 속옷으로 가리는 곳은 다른 사람에게 함부로 보여 주지도, 만지게도 하지 않는 소중한 내 몸의 신체 일부라는 점을 알려 주는 거예요.

성기의 명칭을 정확하게 알려 주는 것도 필요해요. '소중이', '그곳'으로 에둘러 표현하는 것이 아니라 "남자는 음경, 여자는 음순이라고 하는 거야." 하고 정확하게 알려 줍니다. 또 내 몸이 소중한 만큼 다른 사람의 몸도 함부로 보거나 만져서는 안 되는 것임을 가르쳐야 해요.

엄마 아빠, 이런 말은 안 돼요!

- 지금 뭐 하는 거야, 창피하게? 당장 손 빼! (비난)
- 또 그러면 혼낼 거야. 절대 하지 마. (협박)
  → 아이 행동의 발달적 특성을 고려하지 않은 채 무작정 못 하게 하거나 비난하면 아이는 수치심을 느낄 수 있어요.

11

게임에서 지고 화내는 아이

1단계	마음 읽기	게임에서 이기고 싶었는데 져서 속상하구나.
2단계	행동 제한하기	그런데 게임에서 졌다고 소리치면 안 되는 거야.
3단계	대안 제시하기	게임에서 지더라도 울지 않고 받아들이는 걸 연습하자.

40개월 정도 되면 아이들은 하나부터 열까지 수 세기나 같은 그림 찾기 등 기초 인지 기능을 갖추면서 보드게임에 흥미를 보여요. 보드게임을 하는 것은 아이들의 인지 발달뿐만 아니라 소근육 발달, 정서, 사회성 등 다양한 영역이 발달하는 데 도움이 되는데요. 잘하고 싶지만 뜻대로 되지 않아서 속상해하거나, 졌다고 엉엉 울거나, 게임 규칙을 바꾸려는 등 각양각색의 모습이 나타나기도 합니다.

이 시기에는 이런 모습이 나타나는 것이 당연해요. 어른들도 게임을 하다가 잘 안되면 한숨 쉬고 소리치고 할 때가 있는데 어린아이들은 오죽할까요. 오히려 우리 아이들은 이 시기부터 잘 배우고 연습한다면 게임을 통한 성장을 도모할 수 있을 거예요.

우선 아이가 게임에서 졌을 때 엉엉 울면 어떻게 반응할까요? 먼저 아이의 감정과 욕구를 읽어 줍니다. "우리 아육이 게임에서 이기고 싶었구나.", "이기고 싶어서 열심히 했는데 잘 안돼서 속상하구나." 이렇게 말하고 일단은 우는 아이가 진정될 때까지 기다려요. 아이가 조금 진정이 되면, 다시 한번 아이의 마음을 공감해 주고 "그런데 게임에서 졌다고 소리치면 안 되는 거야. 게임은 이길 수도 있고 질 수도 있어. 이기는 것도 좋지만, 졌을 때 받아들이는 것도 연습해 보자." 이렇게 말해 주세요.

엄마 아빠도 '우리 아이가 게임에서 졌을 때 결과를 받아들이는 연습을 도와야 해!'라고 마음속에 확실하게 담아 두세요. 그렇지 않으면 은연중에 게임에서 꼭 이기는 것만이 좋다는 느낌을 주게 되고 아이의 행동에도 크게 변화가 없을 수 있어요.

예를 들어, 게임이 다 끝나고 "엄마가 1등, 아육이가 2등, 아빠가 꼴찌네." 하며 '꼴찌'라는 표현을 쓰기보다는 중립적인 '3등'이라고 표현해요. 이렇게 단어 하나만 바꾸어도 아이의 분노 포인트를 줄일 수 있어요.

또 게임에서 아이가 이겼을 때만 칭찬하는 것이 아니라, 아이가 졌지만 게임 과정을 원만하게 진행했다면 이에 대해 "우리 아윤이 게임 규칙도 잘 이해하고 끝까지 잘 지켰네.", "아윤이가 카드 그림을 잘 기억하려고 엄청 노력하더라고." 이렇게 구체적으로 칭찬을 합니다.

부모가 게임에서 졌을 때 아이에게 좋은 본보기를 보이는 것도 중요해요. 예를 들어 엄마, 아빠, 아이 세 가족이 함께 게임을 하는데 아빠가 졌어요. 이때 "아, 열심히 했는데 너무 아쉽다! 축하해, 아윤아!", "아윤이 잘하네! 아빠도 이기고 싶었는데 아쉽다.", "져서 아쉽기는 하지만, 이번 게임은 정말 재밌었어!" 이렇게 말이지요.

이렇게 게임에 진 다음에 좋은 본보기를 보이는 일은 생각보다 쉽지 않아요. 엄마 아빠도 게임에서 졌을 때 매너 있게 상대방에게 축하해 주고, 아쉬운 마음을 편안하게 이야기하는 것이 어색할 수 있지요. 그러니 이 기회에 우리 아이에게 좋은 본보기를 보이려고 노력해 봐요. 신기하게도 유아는 어른보다 무엇이든 훨씬 쉽고 빠르게 배우니까요.

조금 더 큰 유아들은 이기기 위해 규칙을 마음대로 바꾸거나, 졌지만 이겼다고 우길 때도 있어요. 이에 대한 훈육은 다음 장에서 구체적으로 다루도록 하겠습니다.

지금 이 시기 유아들은 보드게임을 하면서 게임 규칙을 이해하고 수행하는 것 자체가 미션이에요. 이를 잘 수행하면 대견한 것이지요. 그래서 이 시기에는 승패를 꼭 가르지 않아도 되는 게임을 하거나 어른과 아이가 한편이 되어 협동할 수 있는 게임을 하는 것이 좋아요. 또한 충분한 성취 경험을 통해 아이가 자신감과 흥미를 갖는 것도 중요하므로, 이 시기에는 부모가 어느 정도 봐주면서 게임을 진행해 봐요. 이제 막 보드게임을 배우기 시작한 아이한테 반드시 이기기 위해서 정면 승부를 겨룰 생각이라면 매우 곤란해요. 조금만 기다리면 아이는 나날이 성장하여 곧 엄마 아빠와 대등하게 겨룰 수 있을 거예요.

옷 입는 것으로 고집부리는 아이

1단계	마음 읽기	아윤이는 이거 입고 나가고 싶구나.
2단계	행동 제한하기	그런데 오늘은 날씨가 추워서 반팔은 입을 수 없어. 그런데 오늘은 활동을 많이 해야 해서 편한 옷을 입어야 해.
3단계	대안 제시하기	갈아입을 수 있게 다른 옷을 함께 챙겨 가자.

아이가 자랄수록 스스로 뭐든지 선택하려는 욕구도 함께 자랍니다. 아침마다 등원 준비를 위해 옷을 입을 때도 본인이 원하는 옷을 입겠다고 고집을 부릴 수도 있어요. 아이들의 자율성과 독립성이 자라나면서 스스로 선택하고자 하는 욕구는 너무나 당연하고 기특한 부분이에요. 하지만 부모를 힘들게 하는 부분이기도 하지요.

이럴 땐 아이의 욕구를 존중해 주고, 스스로 선택할 기회를 제공해요. 만약에 아침마다 옷을 고르는 시간이 너무 오래 걸려서 문제가 된다면 전날 밤에 아이와 함께 옷을 미리 고를 수 있어요. "아육아, 내일 입을 옷 골라 봐. 여기에서 입고 싶은 거 하나 골라서 내일 입자." 하면서요.

아이가 원하는 옷이 계절에도 맞고, 장소에도 맞는 옷이라면 평화로울 텐데 그렇지 않은 경우도 있지요. 날씨가 많이 추워졌는데 좋아하는 캐릭터 반팔 티만 입겠다고 고집을 부릴 수도 있고, 긴팔은 입지 않겠다고 떼를 쓸 수도 있어요. 야외로 나갈 거라 편한 옷을 입어야 하는데, 바닥에 끌리는 치렁치렁한 공주 치마를 꼭 입어야겠다고 드러누울 수도 있지요.

이런 경우에 부모가 무조건 "안 돼!" 하고 화를 내기보다는 미리 선택지를 제한하고 상황을 통제할 수 있어요. 옷장에서 계절에 맞지 않는 옷은 미리미리 정리해서 아이 눈에 띄지 않게 하거나 "오늘은 추우니까 긴팔 중에 아육이가 원하는 옷을 입자. 하나 골라 봐." 하고 말하는 거예요. 1~3장에서 설명한 환경 조성과 같은 것이지요.

아이가 많이 컸기 때문에 아무리 눈에 띄지 않게 옷장을 정리하고, 선택지를 제한해도 그걸 벗어나서 본인이 원하는 걸 요구할 수도 있어요. "엄마, 내가 좋아하는 그 치마 어디 있어? 그거 입을 거야!" 하면서요. 만약에 아이가 선택한 옷이 적절하지 않을 때는 그 이유를 설명해 줘야 해요. "아윤아, 오늘은 엄마 아빠랑 공원에서 자전거도 타고 뛰어놀아야 해서 치마를 입으면 불편할 것 같아. 편한 바지를 입자."라고요.

아이가 상황을 잘 이해하고 받아들이면 다행이지만, 끝까지 본인이 원하는 것을 하고 싶어 할 수도 있어요. 이럴 때는 어떻게 해야 할까요? 3~4세 아이들은 한창 자율성이 발달하는 시기이기 때문에 되도록 아이의 선택을 존중하고 타협점을 찾아보는 경험이 필요해요. 가장 쉬운 대안은 갈아입을 수 있는 옷을 챙겨 나가는 거예요. "아윤아, 그러면 갈아입을 수 있는 바지를 하나 더 골라 봐. 옷이 불편하면 그때는 갈아입자." 하고 협상을 합니다. 아이가 원하는 대로 치마를 입고 나갔는데 부모가 생각하는 것만큼 불편해하지 않을 수도 있고, 불편함을 느껴서 부모가 이야기했던 내용에 수긍할 수도 있어요. 그때는 가져간 옷으로 갈아입을 수 있지요.

이러한 경험을 통해서 아이들은 '엄마 아빠가 이야기했던 이유가 진짜였네.' 하고 생각하게 됩니다. 다음에 엄마 아빠가 이야기하는 이유나 대안에 조금 더 수긍하고 받아들일 수도 있지요. 이런 과정을 거치면서 아이의 선택에 대한 자유와 결과를 존중하면서도 문제가 생겼을 때는 대처할 수도 있답니다.

13

등원을 거부하는 아이

이 시기 유아들은 어린이집이나 유치원 등 기관 생활을 통해 규칙적인 일과를 보내고 또래와 함께 상호 작용을 하는 시간이 길어져요. 예민하거나 느린 기질의 아이도 대개는 적응 기간을 어느 정도 보내고 나면 어느덧 매일 보는 선생님이나 친구들과 잘 어울리면서 적응하게 돼요. '왜 우리 아이는 여전히 적응하지 못하고 계속 어린이집에 안 가겠다고 하는 걸까?' 하는 고민에 빠진 부모도 있을 거예요. 앞서 이전 시기에서도 설명했지만, 등원 거부 자체는 훈육해야 하는 영역은 아니에요. 아이가 어떤 어려움으로 인해 등원을 거부하는지 원인을 파악하고 기관 생활에 잘 적응할 수 있도록 도와주어야 하는 것이지요.

우선 짐작되는 이런저런 요인들을 하나씩 되짚어 확인해 봐요.

아이가 집에서는 잘 자고 잘 먹고 잘 노는지 확인하는 것은 가장 기본적인 척도입니다. 의외로 요즘 아이들은 수면이 부족한 경우가 많아요. 이전 세대와 비교했을 때 일상이 바쁘게 지나가고 있기 때문에 충분한 휴식과 수면 시간을 확보하기 어려울 때가 많지요. 생활 속에 쌓인 피로가 해소되고 새로운 에너지가 채워져야 일상의 과업들을 아이 나름대로 수행할 수 있는데, 그렇지 못하면 만사가 짜증 나고 예민할 수 있어요.

두 번째는 부모와의 관계, 부모와의 상호 작용이 원활하게 되고 있는지 생각해 봐요. 부모와의 애착 관계가 기관 생활의 적응에 끼치는 영향이 절대적이지는 않아요. 하지만 간혹 부모에게 자주 혼나는 데 비해 편안하고 긍정적인 상호 작용은 거의 없다거나, 부모와의 놀이 욕구가 큰 아이인데 그 욕구가 충분히 채워지지 않을 때 등원을 거부하기도 하거든요. 이럴 때는 부모가 일과 여가 시간을 잘 조정해서 아이와 질 높은 상호 작용 시간을 늘리면 단기간에 해결되는 경우가 많습니다.

세 번째는 집에 규칙과 루틴이 있는지, 훈육하는 과정에 예측할 만큼 구조화가 되어 있는지, 부모의 지시 따르기가 되는지를 점검해 봐요. 기관은 규칙과 루틴이 있는 곳이에요. 내가 먹고 싶다고 해서 간식을 마구 먹을 수도 없고, 내가 영상을 보고 싶을 때 마음대로 볼 수도 없지요. 밥 먹을 때는 돌아다니지 않고 한자리에 바른 자세로 앉아 밥을 먹어야 합니다. 친구와 같은 놀잇감을 사용하고 싶을 때는 양보를 하거나 정해진 순서가 될 때까지 기다려야 하지요. 아이들은 이렇게 기관 생활을 하면서 제 나이에 맞는 적당한 좌절과 인내의 경험을 통해 사회화됩니다. 이것이 어느 정도 가정 분위기와 톤이 비슷하게 연결돼야 아이가 기관 생활에서 괴리감을 크게 느끼지 않아요.

간혹 부모 중에는 아이가 원하는 것을 다 해 주려고 하거나 잘못을 해도 크게 나무라지 않고 허용적인 양육 태도를 가진 양육자들이 있어요. 이런 부모 밑에서 자라는 아이들이 기관에 다니게 되면 매우 힘들어할 수 있어요. 따라서 우리 아이들이 앞으로 사회에 잘 섞여서 무리 없이 지내려면 규율과 규칙이 있는 가정 환경에서 자라야 하고, 제대로 된 훈육 경험을 받아야 합니다.

위와 같은 이유가 다 우리 아이, 우리 가정에 해당하지 않는데도 아이의 등원 거부가 계속된다면 아이와도 이야기를 나눠 보고, 기관에서의 모습이 어떤지 선생님과 상담해 봐야 해요. 기관에서 자주 부딪치는 친구가 있다거나 아이가 특별히 힘들어하는 활동이나 시간이 있는지도 확인해 보세요. 이 시기부터는 또래와의 관계도 중요하기 때문에 아이가 같은 기관의 또래들과 더 가깝게 지낼 수 있도록 하원 후 놀이터에서 혹은 집에 초대해서 놀이 시간을 갖고, 그때 우리 아이의 모습을 관찰하는 것도 좋습니다.

14

목욕, 양치질을 싫어하는 아이

1단계	마음 읽기	지금 씻기가 싫구나.
2단계	행동 제한하기	이제 씻으러 갈 시간이야. 긴바늘이 10에 가면 씻으러 가는 거야.
3단계	긍정 반응 하기	씻고 나니까 아육이가 반짝반짝해졌네. 좋은 향기도 난다~!

하기 싫어도 매일매일 해야 하는 일이 바로 목욕과 양치질이지요. 그런데 아이들은 더 놀고 싶은 마음에, 때로는 씻는 게 귀찮아서 계속 미룹니다. 결국 자야 할 시간이 다가오는데도 씻지 않겠다고 하면 부모는 아이를 계속 설득하다가 큰소리를 내기도 하지요.

이런 성향의 아이들에게는 씻는 것이 싫은 이유에 대해 평소에 물어봐요. 씻기 바로 직전에 "대체 왜 씻기 싫다는 건데?"가 아니라

평상시에 "요즘 아육이가 씻는 걸 싫어하는 것 같은데, 어떤 점이 불편해?" 하고 물어보는 거지요. '칫솔이 너무 딱딱해서', '물이 차가워서' 등 아이가 불편해하는 부분이 있다면 그 문제를 해결해 줍니다. 아이의 칫솔이나 치약을 고를 때 치약의 향이나 캐릭터를 직접 고르게 하거나, 아이가 좋아할 만한 목욕 놀이 용품을 준비해서 목욕 시간을 즐겁게 만들어 주는 것도 좋아요.

그런데도 아이가 씻기 싫어할 때는 계속 설득하려고 하지 마세요. 아이가 '이 책만 좀 더 보고', '이 블록 놀이만 더 하고' 하면서 미룬다면 한 번 정도는 아이의 욕구를 인정해 줘요. "이따가 씻고 싶은 거구나. 알았어. 그럼 이 책만 보고 씻으러 가자.", "놀이하다가 긴바늘이 10에 가면 씻으러 가는 거야." 하고요. 정해진 시간이 되었는데도 아이가 계속 씻는 것을 미룬다면 이때는 타협이나 설득 없이 아이를 번쩍 안아 욕실로 데려갑니다. "이제 씻어야 해." 하고요. 아이가 발버둥 치거나 떼를 쓴다면 재빠르게 씻기거나, 욕실에 있는 다른 놀잇감으로 주의를 전환하거나, 아이가 좋아할 만한 다른 이야기로 주의를 전환하는 것도 좋은 방법이에요. 다 씻은 후엔 "씻고 나니까 아육이가 반짝반짝해졌네. 좋은 향기도 나~!", "더 놀고 싶었는데 꾹 참고 잘 씻었네! 잘했어!" 하고 긍정적인 반응을 해 줍니다. 아이는 씻기 싫더라도 씻는 것을 반복하면 당연히 해야 할 일이라는 것을 자연스럽게 배울 거예요.

15
친구의 물건을 빼앗는 아이

1단계	마음 읽기	그 장난감 갖고 놀고 싶었구나. 장난감이 재미있어 보이지.
2단계	행동 제한하기	그런데 그렇게 뺏으면 안 되는 거야.
3단계	대안 제시하기 (주의 전환하기)	"나도 한번 해 봐도 돼?", "친구야, 나 좀 빌려줄 수 있어?" 하고 물어봐야 해. 지금은 친구가 빌려줄 수 없나 봐. 친구에게 소중한 장난감이라 빌려줄 수 없나 봐. 우리 저쪽으로 그네 타러 가자!

아이와 기분 좋게 놀이터에서 놀고 있을 때, 한 친구가 멋진 장난감 자동차를 가지고 놀이터에 등장합니다. 평소 자동차를 좋아하는 아윤이는 친구의 자동차를 물끄러미 보더니, 휙 낚아채 버리고 친구는 으앙 울음을 터뜨립니다.

이런 상황은 놀이터나 키즈 카페에서 흔하게 볼 수 있는 상황이지요. 왜 아이들은 친구의 물건을 빼앗을까요? 유아기에는 아직 다른 사람의 마음을 생각하는 능력이 부족하기 때문에 항상 나의 욕구를 우선시하여 행동해요. '내가 궁금하고, 내가 하고 싶으니까'가 모든 행동의 첫 번째 단계인 것이지요. 또 하나는 자신이 원하는 것이 있을 때 언어적으로 표현하는 능력이 미숙해서입니다.

만약 아이가 친구의 장난감을 뺏었을 때 양육자가 대신해서 상대방 아이에게 "미안해~! 조금만 놀고 금방 돌려줄게!" 하고 말하거나 아이가 떼쓰고 우는 상황이 당황스러워서 "엄마가 이따가 자동차 사 줄 테니까 친구 돌려주자." 하는 것은 적절하지 않아요. 이럴 경우 아이는 다른 사람의 물건을 함부로 가져가면 안 된다는 것을 배우지 못할 뿐만 아니라 내가 떼쓰고 울면 원하는 걸 다 가질 수 있다고 생각하지요.

이런 상황에서 양육자는 어떻게 대처해야 할까요? 아이에게 "그 장난감 갖고 놀고 싶었구나.", "친구 장난감이 재미있어 보이지." 하고 아이의 감정과 욕구를 읽어 줍니다. 그리고 나서 "그런데 그렇게 뺏으면 안 되는 거야.", "그렇다고 친구 장난감을 뺏는 건 잘못된 거야." 하고 가르쳐 줘요. 그런 다음 "친구 장난감 해 보고 싶으면 '나 한번 해 봐도 돼?', '이 장난감 빌려줄 수 있어?' 하고 물어보는 거야." 하고 그 상황에서 할 수 있는 대처 행동을 알려 줘야 해요.

아이가 양육자의 말을 듣고 친구에게 장난감을 빌려줄 수 있냐고 물어봤을 때, 친구가 바로 자신의 장난감을 빌려준다면 "아율이가 빌려줄 수 있냐고 물어보니까 친구가 빌려줬네! 아율이, 잘했어! 친구도 장난감 빌려줘서 고마워!" 하고 말할 수 있어요.

하지만 대부분의 상황은 이렇게 아름답게 진행되지 않지요. 이미 아율이가 장난감을 뺏어서 기분이 상했기 때문에, 또는 친구도 장난감을 빌려주기 싫은 마음이 들어서 "싫어!" 하고 거절할 수도 있습니다. 이때 아이가 또 떼를 쓰고 울 수 있어요. 그렇지만 친구의 거절도 받아들이는 경험이 필요해요. "아율아, 친구가 지금은 빌려줄 수 없나 봐.", "친구에게 소중한 장난감이라 빌려줄 수 없나 봐. 그럼 어쩔 수 없는 거야. 우리 저쪽으로 그네 타러 가자." 하고 아이가 좋아할 만한 다른 놀이를 대안으로 제시합니다.

이렇게 한번 가르쳐 줬다고 해서 다음에 비슷한 상황에서 아이가 배운 대로 바로 하기는 어려워요. 여러 번 반복이 필요합니다. 또는 친구를 만나서 놀기 전에 "아율아, 지난번에 친구 장난감을 갖고 놀고 싶을 때는 친구에게 어떻게 말하기로 했었지?" 하고 아이에게 상기시킬 수 있어요. 아이가 배운 것을 잘 기억하고 친구에게 빌려달라고 말한다면 "아율이가 지난번에 엄마랑 이야기한 거 잘 기억하고 있네. 잘했어." 하고 칭찬하거나, 즉시 칭찬이 어려웠다면 집에 가는 길에 아이의 행동을 꼭 칭찬해 주세요. 아이의 사회성은 부모의 격려와 수많은 반복을 통해 무럭무럭 자라니까요.

5장

이것저것 궁금한 게 많아요

열매 단계 | 네 돌 이후 (48개월~)

1

네 돌 이후 (48개월~)
이렇게 발달해요!

1 신체 발달

아이들은 세 돌이 지나면서 많은 신체 발달이 이루어졌고, 네 돌이 지나면서 신체 균형이 더 안정되어 여러 활동을 할 수 있어요. 특히 손발로 공 주고받기를 이전 시기에 비해 더 능숙하고 재미있게 해요. 이 시기부터는 축구, 농구, 야구 등 공을 이용한 놀이나 활동을 부모와 아이가 함께하는 것도 좋아요. 아이들이 공을 던지고 받는 과정에서 신체 조절 능력, 협응 능력을 키울 수 있을 뿐 아니라 게임의 규칙을 이해하고 다른 사람과 주고받는 경험을 통해 언어 이해 능력과 사회성을 키우는 데도 도움이 됩니다.

이전 시기에 킥보드와 세발자전거를 타기 시작한 아이들은 네 돌이 지나면 속도를 내서 빠르게 달려요. 좌우로 회전할 때 멈추지 않고도 유연하게 조정하지요.

신체 움직임에 자신감이 많이 생긴 아이들은 자신의 신체 능력을 과하게 믿다가 다소 위험하게 놀 때도 있어요. 예를 들어 놀이터 미끄럼틀에서 내려오기 전에 위에 달린 봉에 매달려 몸을 앞뒤로 움직인다거나, 높은 곳에 기어 올라가거나 뛰어내리려는 행동을 하기도 해요. 자전거를 탈 때도 한 손을 떼고 타는 위험천만한 행동을 하기도 하는데, 이러한 행동은 아이와 아이 주변에 있는 다른 아이의 안전까지 위협할 수 있어요. 이전 시기에 비해 부모가 조금은 여유 있게 거리를 두고 살펴도 되지만, 그래도 여전히 부모의 시야 안에서 아이들이 안전하게 놀 수 있도록 지도해야 합니다. 또한 나와 다른 사람이 위험에 처할 수 있는 행동은 꼭 훈육을 통해 바로잡아야 합니다.

아이가 네 돌이 지나면 소근육도 많이 발달하여 일상에서 할 수 있는 자조 기술이 더욱 능숙해져요. 그러면 어느 순간 부모의 도움 없이 스스로 할 수 있는 가짓수가 많아집니다. 이렇게 성장하려면 이전 시기에 양말이 잘 안 신겨진다며 짜증 내는 아이, 엄마한테 다 해 달라고 징징거리는 아이를 잘 도와주고 훈육했어야 해요. 그런 과정을 충분히 겪어 온 아이라면 이 시기가 되어서는 더 스스로 해 보려고 노력할 겁니다. 잘 안될 때 짜증 나고 포기하고 싶은 마음도 아이 스스로 다독이고 조절하려고 할 거예요.

손끝이 더 야무져지고 호기심이 충만해진 아이들이 이 시기에 많이 하는 놀이 중 하나가 종이접기예요. 종이를 반으로 접기, 세모 접기, 네모 접기 등 다양한 접기 활동을 하면서 소근육도 키우고 손으로 무언가를 구현할 수 있다는 생각은 아이로 하여금 자신감을 갖게 해요.

색칠이나 그리기 활동도 참 좋아하고 많이 하는 시기이지요. 이때 하는 소근육 활동은 추후 아이가 연필을 손에 쥐고 본격적인 쓰기 활동을 할 때 바탕이 되는 기본 능력이 될 거예요. 비즈를 줄에 끼워 팔찌를 만들거나 클레이로 다양한 모양이나 사물을 만들어 보기, 인형 그림을 그리고 가위로 오리기 등 소근육이 필요한 활동을 아이가 하고자 할 때 기꺼이 허락하고 도와줘야 합니다. 그러면 아이는 '내가 했다'는 성취감과 유능감을 가질 수 있어요.

2 인지 발달

만 4세가 되면서 아이들은 구사할 수 있는 언어도 다양해지고, 부모와의 다양한 대화가 가능해지면서 인지적인 능력이 한층 성장한 것을 느낄 수 있어요. 이 시기의 아이들은 상징적 사고와 직관적 사고를 통해 세상을 이해하지만, 논리적 사고는 아직 충분히 발달하지 않은 상태예요. 부모는 아이가 말도 너무 잘하고 이제는 다 컸다고 생각해서 논리적인 대화와 문제 해결을 더 기대할 수 있지만 아직은 조금 부족한 시기라고 할 수 있지요.

이 시기는 피아제의 인지 발달 단계에서는 전조작기에 해당하기 때문에 자기중심적 사고를 해요. 자기중심적 사고란 타인의 관점에서 생각하기보다는 자기의 관점을 중심으로 사고하고 행동하는 거예요. 내가 느끼고 생각하는 것처럼 다른 친구도, 엄마 아빠도 느끼고 생각할 거라고 믿기 때문에 객관적으로 사고하거나 상황을 바라보는 능력은 아직 부족할 수 있어요.

세 돌 이후 꽃을 피웠던 상징 놀이도 점점 더 정교하게 발전해요. 아이가 기억하고 떠올릴 수 있는 상황이 다양해지기 때문에 매번 똑같은 놀이를 반복하는 것을 넘어서서 다양한 변주를 시도하지요. 장기 기억이 그만큼 발전하기 때문에 놀이뿐만 아니라 일상에서 문제 해결 능력도 향상됩니다. 예를 들어 블록을 쌓을 때 지난번 놀이에서 블록을 중심을 잘 잡아서 쌓지 않으면 금방 무너진다는 것을 기억하고 '이번에는 가운데로 블록을 쌓아야지.'라고 계획을 세우고 행동하는 것도 가능해집니다. 더 복잡한 사고를 하기 위한 준비를 해 나간다고 볼 수 있지요.

이 시기의 아이들이 또 많이 하는 말 중 하나가 "왜?"인데요. 세상의 모든 일에 호기심도 많고 끊임없이 세상을 이해하기 위해 노력하는 중이라고 할 수 있어요. 아이들의 '왜'라는 질문은 인과 관계를 조금씩 이해하기 시작하면서 나타나는 모습이에요. 하지만 아직은 인과 관계나 논리적인 관계를 완벽하게 설명해 줘도 아이들은 다 이해하지 못해요. 그러므로 부모는 항상 정답을 말해야 한다는 부담을 갖지 말고 "너는 왜 그렇다고 생각해?" 혹은 "우리 왜 이렇게 됐는지 같이 찾아볼까?"처럼 다양한 방식으로 대처할 수 있다는 것을 알아 두면 좋습니다.

3 사회·정서 발달

네 돌이 되면 아이들은 기쁨, 슬픔, 분노, 수치심, 공포 등 다양한 감정을 잘 인식하고 표현할 수 있어요. 또 다른 사람이 정서 표현을 할 때 그것을 인식하고, 어떤 감정인지 잘 해석할 수 있지요. 다른 사람의 행동을 보고 지금 행복한지, 화나는지, 슬픈지를 정확하게 추론할 수 있어요. 이런 능력이 발달함에 따라 상대방이 어려움에 처했다는 생각이 들면 도와주려는 행동을 하기도 해요.

친구들과 적극적으로 어울리려는 모습을 보이면서 협동 놀이도 가능해집니다. 친구와 놀이할 때 공동의 목표를 달성하기 위해 협력하고, 규칙을 지키고, 조직화된 그룹 활동에 참여할 수 있어요. 친구와 병원놀이를 하면서 "나는 의사 선생님 할게. 너는 아픈 사람 해." 하고 역할을 나눌 수 있습니다. 역할에 따른 행동이나 놀이의 내용도 이제는 제법 수준급의 모습을 보이지요. 또 이 시기 아이들은 "우리 블록으로 적이 쳐들어오지 못하는 성을 만들자." 하는 공동의 목표를 가지고 함께 블록 놀이를 하기도 해요.

이 시기 아이들이 협동 놀이가 가능한 이유는 규칙에 대한 이해가 많이 발달해서 약속과 규칙을 지켜야 한다는 것을 이해할 수 있기 때문이에요. 그래서 차례나 규칙을 알아야 할 수 있는 놀이도 가능해요. 우리 아이들과 점점 다양한 놀이가 가능해지고 있지요.

이 시기 아이들은 놀이에서 규칙을 지켜야 한다는 것은 알고는 있지만, 아직 모든 상황에서 규칙을 잘 지키고 받아들이기는 어려워요. 부모 또는 친구와 게임을 하다가 자신이 불리하다고 생각하면 엉엉 울거나 떼쓰는 모습이 나타나기도 해요. 게임에 졌을 때 생긴 부정적 정서를 조절하기 어렵기 때문에 보이는 모습이지요. 이런 때도 부모의 중재와 훈육이 필요해요. 아이의 속상한 기분을 알아주면서, 게임의 승패를 받아들여야 한다는 것을 알려 줄 수 있어요.

또 이 시기는 긴 이야기도 이해할 수 있는 나이이므로 같이 게임을 하다가 상대방이 이겼다는 이유로 화를 내고 운다면 같이 게임을 하던 친구의 기분은 어떨 것 같은지 아이와도 이야기를 나눌 수 있어요. 부모와 이런 대화를 나누면서 아이는 자신의 감정과 행동을 조망할 수 있고, 그로 인한 타인의 반응에 대해 이해하게 돼요. 올바른 훈육 과정에서 아이와 양육자가 나누는 대화는 궁극적으로 사회적 상황에 대한 아이의 이해도를 높이고 아이의 자기 조절 능력의 발달을 돕습니다.

이 시기 아이들은 성 역할에 대한 개념도 형성돼요. 사람은 여자와 남자로 나눌 수 있다는 것을 알고, 여자는 엄마가 되고 남자는 아빠가 될 수 있다는 걸 알지요. 이성보다는 동성의 친구와 어울리는 것을 더 선호하기도 해요. 이 시기에는 성 역할에 대한 고정 관념이 생기지 않도록 주의해야 합니다. 아이에게 '남자니까', '여자니까' 이렇게 생각하고 행동해야 한다는 말을 하지 않도록 해 주세요. 놀이나 장난감을 선택할 때도 아이의 성별에 치우치지 않고, 아이 스스로 선택하게 돕는 것이 좋습니다.

4

언어 발달

세 돌이 지나면서 언어 능력이 빠르게 발달한 아이들은 하루가 다르게 새로운 어휘를 배우고, 다양한 문법 요소를 포함하여 문장을 구사합니다. 언어 발달 속도가 빠른 편인 아이들은 네 돌 이후에는 어른과의 대화도 자연스럽게 이루어질 정도지요.

  이제부터 유아들은 단순히 새로운 어휘를 습득하는 것 외에 언어 발달 측면에서 꼭 연습해야 할 것이 두 가지 있어요. 첫 번째는 어떤 상황에 대해 조리 있게 설명하는 것, 두 번째는 자기의 마음을 감정 단어로 표현하는 것입니다. 물론 이 시기에 이 부분이 유창해야 한다는 것은 아니에요. 아이가 이전 시기까지 언어 발달이 잘 이루어졌다면, 지금부터는 아이가 본격적으로 자기 생각을 표현하는 도구로서 언어를 발달시켜야 할 때입니다.

이 시기 아이들은 어린이집이나 유치원 등 기관 생활을 하면서 또래끼리 상호 작용을 많이 해요. 이전 시기에는 갈등이 일어나는 상황이나 그 상황에서의 감정이 비교적 단순했지만, 인지와 정서가 부쩍 발달하면서 아이들의 다툼이나 불편한 상황도 단순하지만은 않습니다. 또 언어로 표현하기 전에 먼저 욱해서 손발이 나간다거나 으앙 하고 울어 버린다면 또래들 사이에서 좋은 놀이 친구로 인식되기 어려워요.

예를 들어, 아윤이가 유치원에 등원해서 블록 놀이를 하는 친구들 쪽으로 다가가 바로 블록으로 무언가를 만들어요. 그런데 먼저 놀고 있던 친구가 "안 돼. 만지지 마! 이거 우리 거야!" 하고는 아윤이가 들고 있던 블록을 확 뺏었어요. 아윤이는 당황한 나머지 그만 으앙 하고 울음을 터뜨렸어요. 이때가 바로 교사가 출동하는 시점입니다. 아윤이는 이 상황에서 어떻게 대처하면 좋았을까요? 친구들의 놀이에 함께하고 싶다면 먼저 다가가서 "나도 블록으로 같이 만들고 싶어!", "나도 같이 블록 놀이 해도 돼?", "나도 이 블록 쓸게."라고 말하면 좋았겠지요. 그런데 만약 친구가 거절 표시를 하고 그에 또 속상해서 울음이 터졌다면 "무슨 일이야?" 하는 선생님 질문에 "같이 놀고 싶은데 친구들이 안 끼워 줘요.", "제 블록을 빼앗아 갔어요." 이렇게 설명할 수 있다면 선생님의 도움으로 문제를 원만하게 해결할 수 있을 거예요.

이렇게 현재 상황을 언어적으로 잘 설명하려면 그런 설명이나 문장 구조에 대한 경험이 풍부해야 합니다. 평소에 부모가 "밥 먹어.", "이제 씻자." 이렇게 짤막하게만 말하는 것보다 "오늘 반찬은 콩나물국이랑 아윤이가 좋아하는 소시지야채볶음이야. 맛있게 먹자.", "오늘 밖에서 신나게 놀아서 땀이 뻘뻘 났네. 시원하게 씻고 오자." 이런 식으로 풍부한 표현, 완전한 문장으로 말하는 것이 좋아요.

그리고 또 한 가지는 바로 '그림책 읽어 주기'입니다. 아무리 일상에서 '풍부하고 완전한 문장으로 말해야지.' 해도 일상 언어는 일상 언어입니다. 일상은 보통 비슷한 일이 반복되므로, 그 안에서 사용하는 언어 표현도 대체로 비슷해요. 이에 반해 그림책에는 일상에서 접하기 어려운 어휘나 표현뿐만 아니라, 일상생활 표현도 훨씬 다양하게 담겨 있어요. 그림책이 유아 언어 발달에 무엇보다 중요한 것은 이야기의 구조, 흐름이 있다는 것입니다. 부모가 아이에게 많이 질문하는 것이 "오늘 유치원에서 뭐 하고 놀았어?", "그래서 너는 어떻게 했는데?"일 텐데요. 그림책을 많이 읽고 대화한 아이들은 자연스럽게 이야기의 구조, 인과 관계, 기승전결 등을 잘 알기 때문에 이야기를 기억하거나 상황을 재구성해서 말하는 것이 수월할 거예요.

2

네 돌 이후 (48개월~)
이럴 때는 어떻게 해야 할까?

1
다른 사람을 때리는 아이

1단계	마음 읽기	친구가 혹시 네 장난감을 망가뜨릴까 봐 걱정되는구나. 네가 아끼는 장난감이라 친구가 만지는 게 싫구나.
2단계	행동 제한하기	그런데 아무리 화가 나도 친구 때리면 안 되는 거야. 친구 아파.
3단계	대안 제시하기	친구가 갖고 놀아도 되는 장난감을 건네줘. 친구한테 "내 장난감 만질 때는 만져도 되냐고 물어봐 줘." 라고 얘기하자.

우리 아이가 어느덧 커서 48개월이 지났는데 "아직도 친구를 때려요.", "원래는 안 그러던 아이인데 화가 나면 엄마를 때려요." 하고 고민하는 경우가 왕왕 있습니다. 만약, 이전 시기에도 때리는 행동이 있던 아이인데 때리는 행동의 빈도와 강도가 줄어들고 있다면, 아이가 점점 성장하고 있으니 크게 조바심 내지 않고 훈육을 이어 가면 됩니다. 그런데 아이의 행동이 좀처럼 달라지지 않았다면, 혹

은 이전 시기에 안 하던 행동인데 때리는 행동이 나타난다면 이전 시기부터 훈육을 어떻게 해 왔는지 점검해야 합니다.

아이들은 왜 다른 사람을 때리는 행동을 할까요? 보통은 화가 날 때, 머리끝까지 화가 나서 주체할 수 없을 때 충동적으로 나오는 행동일 거예요. 중요한 건 아이가 누군가를 때릴 때는 분명 이유가 있다는 겁니다. 이 이유를 유아기 아이들은 잘 설명하기 어렵기 때문에 말보다 때리는 행동으로 먼저 나오기도 해요. 이유를 설명했지만 합리적인 해결 상황을 경험하지 못하면 역시 답답하고 억울한 감정이 나올 때마다 때리는 행동을 반복할 수 있어요. 또한 아이가 때리는 행동을 할 때 부모가 적극적으로 훈육하지 않고 안일한 태도로 그냥 넘어가는 경우도 있습니다. 하나씩 상황들을 살펴봅시다.

예를 들어, 아육이의 친구가 집에 놀러 왔어요. 친구는 아육이의 장난감에 흥미를 보이며 이것저것 만졌는데, 아육이는 그게 싫어서 계속 친구가 만지지 못하게 막다가 급기야 친구를 때렸어요. 이런 상황에서 부모는 무척 당황한 나머지 아이에게 "너 왜 이렇게 이기적이야!", "그런 식으로 하면 친구가 집에 안 놀러 온다!" 등등 비난을 퍼붓기도 해요. 우리는 부모로서 아이를 가르치는 일에 집중해야 합니다. 비난하는 데에 그치면 부모의 순간적인 놀람, 부끄러움의 감정만 폭발시킨 상황이라 아이가 사회 기술에 대해 배울 기회를 놓치게 돼요.

　이럴 때는 우선 아이가 친구를 때리는 상황이므로 바로 제지해야 해요. 물리적으로 분리한 뒤 아이에게 "친구가 만지면 혹시 장난감이 부서질까 봐 걱정되는구나." 또는 "네가 아끼는 장난감이라 친구가 만지는 게 싫은 거야?" 하고 아이의 감정을 알아차리고 공감해 줍니다. 급박한 상황이어도 아이의 행동 이면의 감정을 찾아서 공감해 주면 아이는 부모가 건네는 말이 무조건 나를 혼내거나 비난하려는 것이 아닌, 나를 이해해 주고 도와주려고 한다는 것을 느낄 수 있습니다. 그러면 이후의 단계에 순응적으로 반응할 수 있어요.

　공감을 하고 행동의 제한도 분명히 해 줘야겠지요. "그렇다고 친구를 때리는 건 안 돼. 친구 아파."라고 말해 줘야 아이는 부모가 아무리 내 마음을 이해하고 공감한다 해도 안 되는 행동이 있다는 것을 배울 수 있어요.

　마지막으로 때리는 행동이 잘못됐다면 이제 아이가 할 수 있는 바람직한 행동을 알려 줘야 해요. "친구가 만져도 괜찮은 장난감을 알려 주자." 그런데 "이건 만져도 돼." 하고 아이가 친구에게 다른 장난감을 건네줬을 때 친구가 그것을 좋아해야 해결이 될 거예요. 친구의 마음에 들 만한 장난감을 건네야 친구도 기분 좋게 놀 수 있다는 것을 알려 줍니다.

우리 아이가 친구에게 "내 장난감 만질 때는 만져도 되냐고 물어봐 줘." 이렇게 부탁하는 말을 해 보도록 할 수도 있어요. 그런데 이 시기에는 상대 친구가 순하고 잘 따라 주는 아이가 아니라면 어떻게 해도 원만하게 해결이 안 될 수도 있어요. 그래도 이런 경험을 몇 번 하는 것에 크게 걱정하진 마세요. 이렇게 더 좋은 해결책, 더 합리적인 방안을 찾아보고 적용하는 과정에서 자연스럽게 아이의 마음과 조절력이 향상될 수 있으니까요.

이런 상황에서 가장 좋은 방법은 친구를 초대하기 전에 내가 특별히 소중하게 여기는 장난감, 친구가 만지지 않았으면 하는 장난감 등을 따로 바구니에 모아서 안 보이는 곳에 넣어 두는 거예요. 그리고 친구를 우리 집에 초대할 때는 친구가 일일이 허락을 구하지 않고도 자유롭게 장난감을 공유하면서 놀 수 있다는 합의를 하는 것도 필요해요. 그 과정에서 친구가 내 장난감을 만지는 것이 싫다면 어떻게 놀 수 있을지, 내가 친구 집에 갔을 때 친구가 나에게 장난감을 전혀 안 주면 내 기분은 어떨지 등을 아이와 미리 이야기해 보는 것도 도움이 돼요. 이렇게 친구를 집에 초대하기 전에 환경 조성도 해 두고 마음의 준비도 한다면 친구와 평화롭게 노는 모습을 볼 수 있을 거예요.

또 다른 상황을 예로 들어 볼게요. 만 4세, 만 2세 형제가 있는데, 형이 블록으로 비행기를 만들어서 놀고 있어요. 그런데 동생이

와서 형이 만든 비행기를 만지려고 합니다. 형은 처음에는 동생을 요리조리 피하면서 동생이 비행기를 못 만지게 했어요. 그런데 동생이 막무가내로 달려들자 결국 형은 화가 나서 동생을 때렸고, 동생은 그 자리에서 울음을 터뜨렸어요. 형제가 있는 집에서 흔히 볼 수 있는 상황이지요.

이때 부모가 달려가 "어떻게 된 거야? 동생 왜 울어?" 하고 상황을 물어봅니다. 형은 "동생이 내 비행기 자꾸 만지려고 하잖아." 하면서 이유를 말하는데요. 이때 부모의 반응이 중요합니다. 첫째로서는 부모에게 자신의 상황을 말로 표현했는데 이때 아이의 욕구나 감정을 무시한 채 무조건 "그렇다고 동생을 때리면 어떡해!", "네가 형이니까 동생 좀 만지게 해 주지."라고 말하면 첫째는 억울함만 가득할 거예요. 또한 비슷한 상황에서 매번 때리는 행동을 반복하겠지요. 이렇게 악순환의 고리가 형성될 수 있으니 이런 상황이 발생하면 부모는 마음을 다잡고 훈육에 힘써야 해요.

3단계 훈육에 따라 "아육아, 네가 만든 비행기가 망가질까 봐 걱정되는구나."(1단계), "그래도 동생을 때리면 안 돼."(2단계)까지 공감과 제한을 합니다. 그리고 나서 어떻게 하면 좋을지에 대해 아이와 이야기를 꼭 나눠야 해요. "동생이 형이 만든 게 멋져 보여서 그러는 것 같은데, 엄마가 잘 잡고 있을 테니 동생 한번 만져 보라고 해도 괜찮아?" 하고 아이가 선택할 수 있게 하는 것도 좋아요.

만약 아이가 싫다고 거절한다면 그건 그런대로 넘어가야 아이가 자신의 생각을 존중받았다고 느낄 수 있고, 그런 느낌이 있어야 다음번에 아이가 조금 더 배려하는 마음을 내 볼 수도 있어요. 그러니 첫술에 배부르려고 하지 않는 것이 중요해요.

또한 첫째에게 "동생이 비행기를 보면 자꾸 만지고 싶으니까 동생한테 안 보이고, 동생 손이 안 닿는 곳에 놓자." 하면서 대안을 제시할 수 있어요. 이렇게 부모가 먼저 대안을 제시하면, 아이가 그것을 수용하거나 나름의 아이디어를 떠올릴 수도 있어요. 이러한 협의 과정이 아이의 감정 조절, 문제 해결력을 향상하는 데 큰 도움이 됩니다.

2

자기 마음대로만 하려는 아이

1단계	마음 읽기	아윤이는 이 놀이를 계속하고 싶구나.
2단계	행동 제한하기	그런데 아윤이가 원하는 놀이만 계속할 수는 없어.
3단계	대안 제시하기	친구랑 아윤이 둘 다 기분 좋게 놀 수 있는 방법을 찾아보자.

이 시기 아이들은 자신의 욕구가 우선이기 때문에 친구의 생각과 감정을 미처 고려하지 못하는 경우가 많아요. 친구를 배려하는 데 서툴지요. 그런데 나이가 많아진다고 해서 모두가 사회성 기술을 자연스럽게 익히는 것도 아니에요. 어떤 아이는 사회성 기술이 타고나서 알려 주지 않아도 친구와 잘 지내는 방법을 스스로 터득하는 반면, 하나하나 꾸준히 배우고 경험해야 사회성 기술을 익힐 수

있는 아이도 있어요. 따라서 아이에게 한글, 수학만 가르치는 것이 아니라 사회성 기술도 구체적으로 가르쳐 줘야 해요.

예를 들어 놀이터에서 아이가 친구들과 놀고 있는데, 아이가 하고 싶어 한 인형 놀이를 먼저 했어요. 이제 친구가 아이에게 소꿉놀이를 제안했는데, 아이가 "싫어. 나는 소꿉놀이하기 싫단 말이야!"라고 합니다. 이럴 때는 양육자가 아이의 놀이 장면을 잘 지켜보다가 적절할 때 개입해서 도움을 주는 것이 좋습니다.

아이에게 다가가서 작은 목소리로 이렇게 말해 줍니다. "아육아, 지금까지는 아육이가 하고 싶어 한 인형 놀이를 했는데 이제 친구는 소꿉놀이를 하고 싶다고 하네." 아이가 "응! 그런데 난 소꿉놀이하기 싫단 말이야!" 한다면 다시 아이에게 "아육아, 그런데 아육이가 하고 싶은 놀이만 하려고 하면 친구의 기분이 어떨까?" 하고 물어보는 거예요. 내가 하고 싶은 대로만 하려고 할 때 상대방의 기분이 어떨지 아이에게 생각할 기회를 주는 것이지요.

아이가 "음…… 친구 기분이 안 좋을 것 같아." 하고 대답한다면 다시 "그럼 어떤 놀이를 할지 어떻게 정하면 아육이와 친구가 모두 기분 좋게 놀 수 있을까?" 하고 물어봅니다. 아이가 "알았어. 그럼 이번에는 소꿉놀이하자." 하고 선뜻 응할 수도 있고, "난 그래도 소꿉놀이는 하기 싫은데!" 할 수도 있어요. 그럴 때는 양육자가 "인형들이 소꿉놀이를 하는 것도 재미있을 것 같은데, 그렇게 해 보면 어때?" 하고 아이가 생각하지 못한 중재안을 제시할 수도 있어요.

　부모는 집에서 아이와 같이 놀이할 때도 적절한 사회 기술을 알려 줄 수 있어요. 친구들과 있을 때 자기 마음대로만 하려는 아이는 집에서도 놀이할 때 비슷한 모습을 보이는 경우가 많아요. 예를 들어 아이랑 보드게임을 하는데 아이가 자꾸 반칙을 하거나 자신에게 유리한 대로 게임 규칙을 바꾼다면, 이때가 바로 놀이 안에서 사회 기술을 가르칠 좋은 기회입니다.

　만약 집이라고 해서, 부모와 놀이한다고 해서, 아이가 하는 행동을 모두 허용한다면 밖에서 친구들이랑 놀 때도 아이는 자신이 하고 싶은 대로 행동할 거예요. 그런데 이렇게 뭔가 가르칠 때 꼭 기억해야 할 것은 "너 왜 반칙해? 그럼 친구들이 너랑 안 놀지." 한다거나 "그럴 거면 너 혼자 해." 하고 면박을 주고 부정적으로 말하면 아이의 행동 수정에 도움이 되지 않는다는 점이에요.

　그럼 이럴 때 어떻게 얘기해야 할까요? "게임 규칙은 카드를 먼저 보지 않고 뒤집는 건데, 아육이가 자꾸 보고 있네. 규칙을 지켜야 우리 같이 재미있게 놀 수 있어." 하고 규칙을 지키지 않는 부분에 대해 짚어 줍니다. 아이가 규칙을 자기 마음대로 바꾸려고 한다면 "우리 놀고 있는데 규칙이 자꾸 바뀌니까 헷갈린다. 놀이가 재미없어지려고 해." 하고 아이 스스로 자기 행동을 되돌아볼 기회, 그리고 그렇게 행동했을 때 상대방이 느낄 수 있는 기분을 부드럽게 알려 줄 수 있어요.

이런 상황도 있을 수 있어요. 역할놀이를 할 때 아이는 의사, 엄마는 환자 역할을 합니다. 그런데 아이가 자꾸만 "엄마 이렇게 말해야지.", "그다음엔 이렇게 해야지." 하고 놀이 안에서 해야 할 말과 행동을 자기 마음대로 정한다면, 이때는 어떻게 이야기할까요? 만약 부모가 "내 역할인데 왜 자꾸 네가 정해? 나는 내 마음대로 할 거야." 하고 말한다면 아이는 비난받는 느낌일 거예요.

이럴 땐 처음에는 아이가 정해 준 말과 행동을 부모의 해석으로 바꿔서 이야기해 봅니다. 아이가 "배가 아파서 왔다고 해."라고 한다면 부모가 "선생님~ 어제 아이스크림을 많이 먹었더니 자꾸 배가 아프고, 머리도 아파요." 하고 양육자 나름의 해석을 곁들여서 대사를 조금씩 바꾸는 거예요. 그러다가 나중에는 "지금은 엄마가 환자 역할이니까 엄마가 한번 해 볼게." 하고 부드럽게 말해 줍니다. 이런 경험을 통해 아이는 상대방과 서로 입장을 조율하며 놀이 할 수 있는 능력을 발달시킬 수 있습니다.

엄마 아빠, 이런 말은 안 돼요!

- 친구랑 자꾸 싸울 거면 집에 가자. (협박)
- 너 하고 싶은 대로만 할 거면 혼자 놀아. (협박)
- 왜 네 생각만 해? (비난)

3
친구를 놀리는 아이

48개월이 지나면 아이들은 친구들과 적극적으로 어울리려는 모습을 보이고 친구들과의 놀이를 즐거워해요. 하지만 타인의 감정이나 생각을 고려해서 행동하는 능력이 아직 미숙하다 보니 또래 관계에서 갈등 상황이 자주 발생하곤 합니다.

만약 아이가 친구에게 "넌 뚱뚱해서 이거 못 하지?", "너 원숭이처럼 생겼어."라고 말한다면 어떻게 해야 할까요? 이럴 때 "친구한테 그런 말 하는 거 아니야." 하고 넘어간다면 아이는 자신의 말이 왜 잘못되었는지, 다음에는 어떻게 해야 할지 배울 수 없어요. 또는 "야, 너도 배 뚱뚱하잖아.", "너도 누구를 평가할 얼굴은 아니야." 하고 아이를 비난하는 것도 옳지 않아요.

그럴 때는 즉시 "친구를 그렇게 놀리면 안 되는 거야.", "다른 사람 얼굴이나 몸 가지고 이야기하는 건 잘못된 거야." 하고 이야기해 줍니다. 그리고 아이와 단둘이 있을 때 더 이야기를 나눠 봐요. "아까 그 친구를 보고 뚱뚱하다고 생각했구나. 사람마다 겉모습이 모두 다를 수 있어. 키가 큰 사람, 작은 사람, 뚱뚱한 사람, 날씬한 사람, 머리가 긴 사람, 짧은 사람이 있는 것처럼 말이야.", "그런데 다른 사람의 겉모습을 보고 뚱뚱해요, 키가 작아요 이렇게 얘기하면 그 사람이 기분이 나쁠 수 있어." 하고 알려 줍니다.

"누군가 아윤이한테 그렇게 얘기한다면 아윤이는 기분이 어떨 것 같아?" 하고 상대방의 입장에서 생각하도록 질문해 볼 수도 있어요. 만약 아이가 6~7세 이상이라면 "그렇게 생각할 수는 있는데, 그걸 입 밖으로 얘기하면 그 사람이 기분 나쁠 수 있거든. 그럴 때는 마음속으로만 생각하는 거야."라고 말해 줄 수 있어요. 포인트는 "그렇게 생각할 수는 있어." 하고 아이 생각은 인정해 주되, 그게 다른 사람의 기분을 나쁘게 할 수 있다는 사실, 그 행동이 적절하지 않은 이유를 아이에게 알려 주는 거예요. 그래야 아이가 사회적 상황을 이해하고 어떻게 행동해야 하는지 배울 수 있습니다.

우리가 다른 사람의 외모를 보고 얘기하면 안 된다고 아이들에게 가르쳐 주는 것은 다른 사람의 외모를 보고 평가하는 게 잘못되었다는 것을 전제하는 것이지요. 그런데 만약 아이가 누군가를 보고 '뚱뚱하다', '못생겼다' 등의 말을 자주 한다면 평소 주변 환경을 돌아볼 필요가 있어요. "너희 반에서 누가 제일 예뻐?", "누가 제일 잘생겼어?", "너희 유치원에 좋아하는 친구가 있다고? 어디 얼굴 좀 보자." 이런 말은 아이에게 흔히 할 수 있는 말이지요. 아이들에게 어떤 것을 가르쳐 주기 위해서는 그에 앞서 어른들의 언행 또한 조심해야 해요.

또 한 가지, 아이가 자주 친구를 놀리는 행동을 할 때는 아이가 친구에게 다가가는 적절한 방법을 알고 있는지 살펴볼 필요가 있어요. 때로는 친구와 놀고 싶지만 어떻게 하면 서로 긍정적인 상호작용을 하면서 놀 수 있는지 적절한 방법을 알지 못해서 친구를 놀리는 경우도 있거든요.

예를 들어 아이가 친구를 먼저 놀리고 도망가고, 친구가 기분이 나빠서 아이에게 화를 내려고 쫓아온다면 아이 입장에서는 친구가 보이는 부정적인 반응도 일종의 놀이처럼 생각할 수 있어요. 그 결과 친구를 놀리는 행동이 계속 강화될 수 있는 거예요. 이럴 때는 친구를 놀리는 대신 친구에게 다가갈 수 있는 구체적인 방법을 가르쳐 주는 것이 도움이 됩니다.

예를 들면 친구에게 다가가서 "나도 같이 놀고 싶어.", "무슨 놀이 하는 거야?" 하고 놀이에 끼는 방법을 알려 주고 아이가 그대로 말하도록 해 보는 거예요. 이 시기는 또래와 갈등 상황이 많지만 그만큼 변화의 가능성도 많은 시기예요. 또래 관계 경험이 쌓이고,

또 성공적인 문제 해결 경험이 쌓이면 우리 아이의 사회 기술도 그만큼 성장할 거예요.

4

인사를 안 하는 아이

1단계	마음 읽기	아윤이는 인사하는 게 좀 부끄럽고 힘들구나.
2단계	행동 제한하기	사람을 만났을 때 인사하는 건 사람들끼리의 약속이야. 인사를 안 하면 다른 사람이 오해할 수 있어.
3단계	대안 제시하기	크게 "안녕하세요."라고 말하기 부끄러우면 고개를 숙이거나 손을 살짝 들어서 인사해 보자

우리나라 사람들은 인사하는 부분에 있어 굉장히 민감한 편인 것 같아요. 제 어릴 적 기억에도 어른들께 인사를 제대로 안 하면 부모님께 크게 혼났던 기억이 있어요. 서양 문화권에 비해서 동양 문화권은 다른 사람과의 관계를 중요하게 생각하기 때문에 아이가 인사를 하지 않을 때 부모가 좀 더 민감하게 반응해요. 다른 건 다 괜찮아도 우리 아이가 예의 없는 건 안 된다며 무섭게 혼을 내서라

도 아이에게 인사하는 걸 가르치는 부모도 있습니다.

하지만 이 시기의 아이들이 인사하지 않는 걸 보고 '예의가 없다'고 여기기에는 무리가 있어요. 아이들은 사람들이 만나서 서로 인사를 하는 사회적 규범에 대한 이해가 아직은 부족하고, 기질적으로 부끄러움이나 낯가림 때문에 어려움을 겪을 수도 있으며, 인사하는 것에 대해서 배우는 과정일 수 있으니까요. 따라서 아이가 인사를 하지 않는다고 "너 왜 인사 안 해?", "너 정말 예의 없구나." 하면서 혼내거나 "얼른 인사해!" 하면서 강압적으로 강요하는 것은 적절하지 않아요. 아이가 인사를 하지 않는 이유를 파악하고 어떻게 도와줄 수 있을지 다양한 방법을 찾는 것이 필요합니다.

먼저 기본적으로 아이가 부모의 행동을 관찰해서 모델링 할 수 있도록 다른 사람에게 인사하는 모습을 많이 보여 줘야 해요. 어린이집이나 유치원 교사를 만났을 때 "안녕하세요." 하고 인사하고, 길에서 아는 사람을 만났을 때도 먼저 인사하면서 다가가고, 가게에 들어가고 나올 때도 "안녕하세요.", "안녕히 계세요." 하면서 인사하는 모습을 보여 주는 것이지요. 그래야 아이들은 부모의 행동을 보고 사람들과 만났을 때 반갑게 인사하는 것이 자연스러운 모습이라는 걸 배울 수 있어요. 그리고 강압적으로 아이에게 인사를 강요하기보다는 "우리 '안녕하세요.' 같이해 볼까?" 하면서 유도할 수 있고, 점진적으로 인사하는 걸 가르쳐 주는 과정이 필요해요.

항상 부모가 먼저 인사하는 모습을 보여 줘도 아이가 인사를 잘 하지 않을 수도 있어요. 제 아이도 유치원에 다닐 때 실제로 인사를 잘 하지 않아서 제가 오랫동안 고민했던 문제이기도 해요. 아이에게 먼저 "사람들은 만나면 서로 반가운 마음을 인사로 표현해. 어른들을 만났을 때 인사하지 않으면 상대방은 아윤이가 반갑지 않다고 생각하거나 예의가 없다고 오해할 수 있어."라고 설명을 여러 번 해 주었어요.

아이에게 인사하는 게 어렵냐고 물어보았을 때 아이는 "부끄러워."라고 대답하더라고요. 아이는 다른 사람을 만났을 때 반갑긴 하지만, 크게 인사하기에는 부끄럽고 창피한 마음이 들었던 거예요. 그래서 아이와 조율했던 방법은 "크게 '안녕하세요!' 하며 인사하기가 부끄럽다면 고개를 숙여서 인사를 해도 괜찮아."였어요. 어른들을 만났을 때 꾸벅하고 인사하는 것이지요. 그러자 큰 소리로 인사하는 것보다는 이 방법을 아이가 편안하게 받아들였어요. 이렇게 인사했을 때 그 모습에 대해 칭찬도 듬뿍 해 주었지요. "아윤아, 평소엔 인사하는 거 부끄러워했는데 오늘 고개 숙여서 인사하는 모습 정말 멋졌어! 선생님도 아윤이가 인사해서 엄청 반가워하시더라." 하면서요.

새로운 장소에 가거나 새로운 사람을 만나는 상황 전에 "우리 ○○에 가면 사람들 만났을 때 인사해야 해. 미리 연습해 볼까?" 하면서 아이와 시뮬레이션할 수도 있어요. 실제로 아이가 인사를 하면 때를 놓치지 않고 충분히 칭찬하고 격려도 해야 합니다.

저희 아이가 한창 인사를 연습하던 시절에 골목에서 동네 할머니를 보고는 먼저 인사를 했어요. 아이 입장에서는 굉장한 용기를 낸 행동이었지요. 그런데 할머니께서 어린아이가 인사하는 게 기특했는지 반갑게 받아 주시면서 용돈으로 천 원을 주셨어요. 아이는 그 일을 계속해서 잊지 않고 여러 번 자랑했고, 저도 "아육이가 먼저 할머니께 인사해서 할머니가 엄청 반가워하셨잖아. 정말 멋있더라!" 하고 칭찬해 주었어요. 이런 작은 경험이 쌓이면 아이가 인사하는 행동에 대해 부끄러운 마음을 극복하고 스스로 해낼 수 있어요.

5

거짓말하는 아이

1단계	마음 읽기	양말 신는 게 불편하구나. 양말 신는 게 싫구나.
2단계	행동 제한하기	그렇다고 양말 안 신었는데 신었다고 하면 안 돼.
3단계	대안 제시하기	얇고 시원한 양말로 신어 보자. 이쁘게 양말 신는 기 도와줄게.

아이의 거짓말은 연령에 따라 다르게 이해해야 하는데요. 아이들은 보통 만 3세 무렵이 되면 거짓말을 시작합니다. 이렇게 어릴 때 하는 거짓말 중에는 먼저 현실과 환상을 구분하지 못하는 거짓말이 있는데요. 예를 들어 아이와 블록 정리를 하던 중 부모가 "아육아, 별 모양 블록이 안 보이네. 어디 있지?" 하고 물었을 때 아이가 "할머니 집으로 날아갔어."라고 한다면, 이럴 땐 그냥 "그래? 어디

한번 같이 찾아볼까?" 하며 자연스럽게 넘어가면 됩니다.

만 3~4세가 되면 의도를 가진 거짓말을 하기도 해요. 그런데 이때의 거짓말은 대부분 아이가 혼나지 않으려고, 또는 위기를 모면하기 위해 하는 거짓말이에요. 예를 들어 등원 준비 중에 아이에게 "양말 신었어?" 하고 물어봤는데, 아이는 당당하게 "신었어." 하고 대답을 했어요. 그런데 확인해 보니 아이가 맨발입니다. 그럼 부모는 '애가 내 말을 무시하나?', '벌써 거짓말을 하나?' 하고 걱정할 수도 있어요. 그런데 아이 입장에서는 그 순간 양말 신기가 귀찮은데 엄마 아빠에게 혼날까 봐 걱정은 되니 그 순간을 모면하기 위해 양말을 신었다고 하는 거예요. 물론 어른 입장에서는 황당하지요. 바로 탄로 날 거짓말을 하니까요. 그렇지만 아이들은 아직 뒷일을 예상해서 행동할 정도의 논리적인 사고가 불가능하기 때문에 그럴 수 있어요.

이때 부모가 어떻게 말하면 좋을까요? "아육아, 거짓말하면 경찰 아저씨가 잡아간다." 또는 "너 엄마 아빠가 거짓말하는 거 세상에서 제일 나쁜 거랬지? 엄마는 거짓말하는 거 딱 질색이야!" 하고 혼내는 것은 크게 효과도 없을뿐더러 아이는 비난받고 혼나서 기분만 상해요. 우리가 가볍게 넘어갈 사안은 가볍게 넘어가는 것이 좋아요. "아육이 너 양말 안 신은 거 다 알아. 어서 신어." 하고요.

그런데 이런 일도 여러 번 반복돼서 진지하게 훈육을 해야 한다면 훈육 3단계에 따라 이야기할 수 있어요. "양말 신는 거 불편했어? 그렇지만 양말 안 신었으면서 신었다고 하면 안 돼. 양말 안 신고 운동화 신으면 발냄새도 나고, 운동화가 벗겨질 수도 있어."

　다른 형태의 거짓말로는 어른들의 관심을 끌기 위한 거짓말이 있어요. 예를 들어 병원에 가면 아무 이상이 없는데도 자꾸 배가 아프다고 거짓말을 하는 경우가 있습니다. 배가 아프다고 하면 엄마가 나에게 관심을 기울여 주고 보살펴 준다고 생각하기 때문이지요. 이럴 때 "너, 꾀병이지? 아프지도 않으면서 거짓말하지 마!"라고 하기보다는 "그래? 엄마 손 약손 한번 해 볼까?" 하며 관심을 보여 주되, 아이의 관심받고 싶은 욕구를 들여다봐야 해요.

　관심을 끌기 위해 하는 말임을 알았을 때 부모가 너무 과도하게 관심을 보이면 이런 행동을 계속할 수 있어요. 그러므로 적절한 정도의 관심을 표현하며 아이와 함께 맛있는 음식을 먹거나, 보드게임을 하는 등 주의를 다른 데로 돌리면서 아이와 함께하는 시간을 보내는 것이 도움이 됩니다.

엄마 아빠, 이런 말은 안 돼요!

- 너! 그렇게 뻔한 거짓말 누가 하래! (비난)
- 너, 꾀병이지? 아프지도 않으면서 거짓말하지 마! (비난)
- 거짓말하면 경찰서에 데려갈 거야. (협박)

6
돌아다니면서 밥 먹는 아이

1단계	마음 읽기	한자리에 앉아 있기 힘들지.
2단계	행동 제한하기	밥은 정해진 시간 동안 한자리에서 먹는 거야. 시간이 다 되면 식판을 치울 거야.
3단계	대안 제시하기	아육이가 좋아하는 끝말잇기 하면서 밥 먹자.

식사 시간에 돌아다니면서 먹는 아이들이 있습니다. 특히 활동성이 높은 기질의 아이일 경우 이런 행동을 더 많이 보입니다. 이런 식습관을 고치기 위해 밥 먹을 때 영상을 보여 주는 부모도 있는데요. 이런 상황에서 밥을 먹을 경우 아이가 영상에 온통 정신을 빼앗겨 씹는 데 집중을 못 하게 되고, 궁극적으로는 부모가 떠먹이는 형태가 되므로 아이 스스로 식사를 하는 것이 아니기 때문에 좋은

방법이 아니에요. 왔다 갔다 하는 아이를 따라다니면서 먹이는 것 또한 하지 말아야 할 행동이지요. 돌아다니면서 먹는 행동을 개선하는 데 도움이 되는 몇 가지 방법을 알려 드릴게요.

먼저 식사 시작 전에 아이가 배가 부르지 않게 해야 합니다. 배가 부르면 식사에 대한 의욕이 떨어지고, 식사 자리를 이탈할 가능성이 높아지기 때문이에요. 또 식사는 항상 비슷한 시간, 같은 장소에서 하도록 합니다. 부모도 식사 시간에 되도록 자리에서 이동하지 않고 아이와 함께 식사하는 것이 좋아요.

돌아다니면서 밥을 먹지 않는 것을 목표로 정했다면, 아이와 이와 관련해 대화를 나눠 봅니다. "아육아, 밥 먹을 때 한자리에 앉아 있기 힘들지. 그런데 밥은 정해진 시간 동안 한자리에서 먹어야 하는 거야." 하고 알려 준 뒤, 구체적인 식사 시간도 정해서 아이에게 이야기해 줍니다. 식사 시간은 30분 정도면 충분하고, 시간을 시각적으로 확인할 수 있는 타이머를 이용하면 더욱 좋아요. "지금 이만큼이 아육이의 식사 시간이야. 여기 빨간색이 사라지기 전에 식사를 마칠 수 있어. 시간이 다 되면 식판을 치울 거야." 하고 말해 줍니다. 그리고 시간이 다 되었다면 아이가 울고불고하더라도 "오늘은 정해진 시간이 다 되어서 어쩔 수 없네. 내일은 시간 지켜서 먹어 보자." 하고 정말로 식판을 치워야 해요.

식사 시간에 장난감이나 영상 시청은 바람직하지 않지만, 대화는 가능하지요. 어떤 주제이든 괜찮아요. 오늘 있었던 일 중 재미있었던 일, 슬펐던 일, 좋아하는 반찬은 무엇인지 등등 아이와 함께 이야기를 나누며 식사합니다.

그런데 이런 노력을 한다고 해서 바로 아이의 행동이 고쳐지기는 어렵겠지요. 그리고 처음부터 돌아다니지 않기, 시간 내에 먹기 두 개의 목표를 동시에 두는 것보다는 목표 하나로 시작하는 것이 좋습니다. 여전히 아이가 돌아다니며 밥을 먹더라도 돌아다니는 횟수를 줄이는 데 집중하는 거예요. "어제는 자리에서 다섯 번 일어났는데, 오늘은 두 번 일어났네. 와~ 좀 더 노력하면 한자리에 계속 앉아서 먹겠는데?" 하고 아이의 행동이 좋아진 점에 초점을 맞춰 반응하는 거예요. "왜 이렇게 자꾸 돌아다니면서 먹는 거야? 식사 예절이 엉망이네." 하는 것보다 "와~ 오늘은 아율이가 일어나지 않고 앉아서 잘 먹고 있네. 정말 멋지다!" 하고 잘하는 행동을 격려했을 때 아이들은 자신의 행동을 긍정적으로 변화시키고 싶어 할 거라는 점, 잊지 마세요!

7
감정 스트레스를 양육자에게 푸는 아이

1단계	마음 읽기	날씨가 너무 더워서 힘들고 지쳤구나.
2단계	행동 제한하기	그렇다고 계속해서 화내고 짜증 내면 엄마도 지치고 힘들어.
3단계	대안 제시하기	힘들면 조금 쉬었다 갈 수 있어. 크게 심호흡을 해 보자.

아이들은 자라면서 느끼는 감정도 점차 다양해지고 복잡해져요. 아이가 어릴 때는 기쁨, 슬픔, 분노, 공포 등 단순한 감정을 느끼는 순간이 많았다면, 아이가 발달함에 따라 점점 더 복잡하고 미묘한 감정을 느낄 수 있어요.

예를 들어 스스로 옷을 입거나 블록을 쌓아 올린 뒤에 스스로 자랑스러움을 느낄 수 있고, 친구가 가진 장난감을 보면서 부러움을 느끼기도 하고요. 거짓말한 걸 들켰을 때나 스스로 원하는 것을 해내지 못했을 때 부끄럽고 수치스러운 감정을 느낄 수도 있어요.

아이가 경험하는 다양한 상황에서의 감정을 스스로 잘 이해하고 조절하려면 아이가 자신의 감정을 명확하게 인식하는 것이 우선이라고 앞에서 계속 이야기했는데요. 아이가 성장함에 따라 부모도 더 섬세하게 감정을 읽어 주고 반영해야 해요. 그러려면 우선 부모의 머릿속에 여러 감정 단어가 있어야 합니다. 어떤 상황이나 행동에 대해 감정을 읽어 주고 싶어도 '화났구나, 짜증 났구나, 싫었구나, 좋았구나.' 정도의 단어만 떠올린다면 아이의 감정을 정확하게 읽기 어려워요.

아이들이 자신의 감정을 제대로 인식하지 못하면 막연한 불안감이나 스트레스를 받아서 감정을 조절하는 과정에 어려움을 겪을 수 있어요. 그래서 이런 감정적인 스트레스를 양육자에게 쏟아낼 수 있지요. 이럴 때 '얘가 갑자기 왜 이러지? 내가 만만한가?' 하거나 '이런 버릇은 초장에 고쳐 놔야 해!' 하는 마음으로 아이를 더 혼내고 비난한다면 아이는 스스로 감정을 인식하고 조절할 기회를 얻지 못해요.

예를 들어, "버스 왜 이렇게 안 와. 아우 짜증 나!" 하는 아이의 진짜 속마음을 인식할 수 있게 도와주는 거예요. 버스가 안 와서 약속 시간에 늦을까 봐 걱정되는 것인지, 날씨가 더운데 버스를 너무 오래 기다리니까 지치고 힘든 마음인 건지, 마냥 서서 버스를 기다리려니 너무 지루한 건지 등에 따라 감정을 조절하고 해결할 방법은 달라질 수 있지요.

이렇게 같은 상황에서도 감정 단어를 다양하게 사용하려고 노력하다 보면, 어떤 상황에서 부정적인 감정이 들 때 그 감정의 실체를 인식하게 돼요. 버스가 안 와서 '늦을까 봐 걱정된다'고 인식하면 걱정되는 상황에 대한 대비를 빠르게 하면서 불안을 낮출 거예요. '지치고 힘들다'고 인식했다면, 이 역시 버스에 올라타서 에어컨 바람을 쐬겠다거나 창문을 열어야겠다는 생각으로 전환할 수 있어요. '지루하다'고 인식했다면 지루함을 덜기 위한 방법을 떠올려 볼 거예요. 이런 과정을 일상에서 아이들이 경험하고 배우고 연습할 수 있다면, 아이들은 자신의 감정을 잘 인식하고 조절하는 건강한 어른으로 성장할 수 있습니다.

만약 부모에게 무작정 스트레스를 표현하고, 부정적인 정서를 마구 쏟아 내는 아이가 있다면 이런 행동은 단호하게 제한해야 합니다. 부모도 감정이 있는 사람이고, 아이의 행동으로 인해서 기분이 나쁘다는 것을 알려 주는 것이지요.

아무리 부모라고 해도 모든 것을 참고 수용해야 하는 것은 아닙니다. "아윤아, 네가 지금 힘들고 지친 마음인 건 알겠어. 하지만 그렇다고 해서 엄마한테 소리 지르고 짜증 내는 말투로 계속 이야기하면 엄마도 지치고 기분이 나빠."라고 말해 주는 거예요. 부모의 감정도 전하는 것이지요.

감정 조절을 할 수 있는 방법에 대해서도 계속 알려 줄 수 있어요. "지금 너무 힘들고 지치면 우리 여기서 조금 쉬었다 갈 수도 있어.", "기분이 좋지 않을 때는 심호흡을 하거나 숫자를 세 볼 수 있어." 등 아이가 감정을 조절하고 해결할 수 있는 방법을 제시합니다. 이렇게 감정 조절을 해 나가는 방식은 어린 시절의 방식과 큰 차이는 없습니다. 계속해서 꾸준히 알려 주고 연습하면서 점차 발전시켜 나가는 거예요.

아이의 발달을 돕는 놀이

- **감정 카드**
  감정 카드를 이용해서 다양한 감정을 배우고 표현해요. 하루 일과에서 느꼈던 기분을 카드 속에서 모두 골라 뽑아 볼 수도 있고, 말 대신 카드로 현재의 마음을 전할 수도 있어요.

- **종이 찢기 / 구기기**
  신문지, 습자지 등의 종이를 찢으며 불안을 낮추고, 스트레스를 해소해요. 종이를 공처럼 구겨서 발로 뻥뻥 차며 놀 수도 있어요.

8
훈육 도중에 딴짓하고 장난치는 아이

1단계	마음 읽기	엄마가 혼낸다고 생각했구나.
2단계	행동 제한하기	이건 엄마가 아윤이에게 가르쳐 줘야 하는 거야.

아이가 잘못된 행동을 해서 부모가 훈육 메시지를 전했어요. 그런데 아이가 못 들은 척하거나 듣고도 계속 장난을 칩니다. 부모는 나름대로 아이를 위해 감정을 추스르고 진지하게 이야기를 했는데 딴짓하는 아이를 본다면 슬슬 화가 날 수 있어요. 이럴 때는 어떻게 해야 할까요?

먼저 아이가 왜 이런 행동을 하는지 생각해 봐야겠지요. 예를 들어 아이와 약속한 영상 시청 시간이 다 되었는데도 아이가 영상을 계속 보고 있어서 끄라고 했어요. 그런데 딴청을 부리면서 계속 끄지 않아요. 이럴 때 아이가 얻는 것은 무엇일까요? '딴짓'을 함으로써 아이는 영상 보는 시간을 벌게 되지요.

사전에 약속한 영상 시청 시간이 있고, 부모는 시간이 다 되기 전에 아이에게 예고해서 충분히 자기 행동을 조절할 기회를 주었어요. 그런데도 아이가 계속 딴청을 부린다면 이때는 양육자가 적극적으로 나서야 해요. 영상을 가로막은 뒤, 아이에게 "지금 바로 끄는 거야." 하고 직접적인 메시지를 줍니다. 아이가 딴짓을 하고 훈육을 피함으로써 얻을 수 있는 것이 없게 만드는 것이지요.

훈육 상황은 양육자와 아이 모두에게 긴장감을 발생시켜요. 그래서 이 상황을 모면하고 싶어서 딴짓하고 장난치는 아이들이 있지요. 제 아이가 다섯 살 때 형을 때리거나 장난감을 던지는 등 잘못한 행동을 할 때가 있었어요. 이럴 때 훈육을 하려고 하면 아이는 갑자기 도망가는 행동을 보였지요. 훈육 상황이 싫어서 피하고 싶었던 거예요. 제가 따라가서 말하려고 하면 더 도망치거나 제 팔을 뿌리치기도 했고요.

아이가 많이 흥분했을 때는 잠시 기다렸다가 다시 이야기를 해야 해요. 그리고 아이에게 이렇게 말해 줍니다. "아윤아, 지금 엄마가 혼낸다고 생각해서 그게 싫은 거지.", "그렇지만 이건 엄마가 너에게 꼭 가르쳐 줘야 하는 거야." 하고 아이에게 원래 하려던 훈육 메시지를 전달합니다. 만약 아이가 도망가서 상황이 흐지부지 종료되었다면 아이는 계속 같은 전략을 쓸 거예요.

훈육 상황이 싫고 피하고 싶은 아이의 감정을 읽어 준 뒤, 양육자가 화내지 않고 차분하게 메시지를 전달하면 아이도 더 이상 훈육 상황을 피하지 않을 거예요.

또 한 가지, 이 시기 아이들의 주의 집중력은 그리 길지 않아요. 따라서 아이에게 전달하는 메시지가 너무 구구절절 길지는 않았는지 생각해야 합니다. 아이를 훈육할 때는 간단명료한 메시지로, 자꾸만 딴 길로 새서 장난을 치는 아이라면 장난감이 없는 조용한 곳에서 아이를 훈육하는 것이 좋습니다.

훈육할 때 딴짓하고 장난치는 아이를 다룰 때 중요한 것은 양육자가 아이의 태도에 말려들지 않고 원래 전하려던 훈육의 메시지를 충실히 전해야 한다는 것입니다. 본래 전하려던 메시지를 잊고 "너 지금 엄마가 얘기하는데 왜 장난을 치는 거야?", "엄마 눈을 똑바로 봐!" 하고 화를 낸다면 훈육의 본질이 흐려질 수 있으니 주의하세요.

9
말대답하는 아이

		[일상의 의견 조율]
1단계	마음 읽기	지금 장난감 정리하는 거 싫구나.
2단계	행동 제한하기	이렇게 모든 장난감을 다 꺼내 놓을 수는 없어.
3단계	대안 제시하기	지금 안 갖고 노는 장난감만 정리해 보자.

아이들이 자랄수록 훈육을 할 때 마주하게 되는 어려움은 더 다양해집니다. 아이가 어릴 때는 부모가 하는 말 자체를 이해하는 게 어렵고 대화가 되지 않아 답답하고 어려웠다면, 아이가 커 가면서는 어느새 훌쩍 자라난 아이의 자아와 충돌하는 일이 생기지요.

자기 주도성과 자율성이 발달하는 이 시기의 아이들은 자기만의 논리와 생각으로 말대답을 하면서 부모의 훈육에 반기를 드는 경우도 많은데요. 이런 경우에는 어떻게 해야 할까요? 가장 중요한 부모의 태도는 차분함을 유지하고 감정적으로 동요하지 않으면서 메시지를 전달하는 거예요.

아이가 부모의 지시에 말대답을 하는 경우는 크게 두 가지로 나눠 대처할 수 있어요. 일상에서 부모의 의견이나 지시에 말대답을 하는 경우와 실제 훈육 상황에서의 말대답으로 나눠 볼 수 있지요.

예를 들어, 방이 너무 지저분해서 아이에게 장난감을 치우라고 지시한 상황을 가정해 볼게요. 그때 아이가 "나는 장난감 치우기 싫어요."라고 했다면 "아빠가 이야기했는데 어디 말대답이야! 어서 장난감 치워!" 하면서 혼내기보다는 아이의 감정을 인정해 주고 이야기를 들어 볼 수 있지요. "지금 방이 지저분해서 좀 정리가 필요할 것 같은데 너는 지금 정리하기 싫구나. 왜 그런지 이야기해 줄 수 있어?"라고 아이의 의견을 더 물어볼 수 있어요.

아이는 나름의 이유가 있을 수 있어요. 지금 만들고 있는 블록을 망가트리고 싶지 않아서일 수도 있고, 부모가 보기에는 정신없어 보이지만 아이는 나름의 규칙을 가지고 놓아둔 걸 수도 있고요. 이렇게 일상에서의 의견을 충분히 서로 공유하고 조율해 나가는 과정은 아이의 자율성과 자기 주도성을 키우는 데 도움이 돼요. 방을 꼭 치워야 한다면 아이의 의견을 수용해서 정리하는 정도로 조율할 수도 있고, 방을 꼭 치우지 않아도 괜찮다면 아이의 의견을 온전히 수용해서 장난감을 정리하지 않을 수도 있지요.

하지만 아이에게 부모가 가르쳐야 할 원칙을 알려 주는 훈육 상황에서는 어떻게 해야 할까요? 장난감을 가지고 놀다가 친구나 형제자매를 때리는 상황을 상상해 봅시다. 이런 경우에는 빠르게 아이의 행동을 제한하고 "다른 사람을 때리는 건 안 돼."라는 메시지를 전달하지요. 그런데 아이가 "얘가 나 먼저 놀렸단 말이야!" 하면서 더 화를 내거나 "이건 때린 거 아니야!" 하면서 말대답을 하는 거예요. 아이가 감정적으로 나오면 부모도 감정적으로 흥분하면서 점점 더 상황이 악화되는 경우가 많지요.

똑같은 메시지라도 차분하게 "친구가 놀려서 화났구나. 그래도 다른 사람을 때리는 행동은 절대 안 돼."라고 하는 것과 부모가 흥분해서 소리치면서 "친구가 놀려도 그렇지! 네가 때리면 되겠어? 안 되겠어?!" 하는 것은 아이에게 전혀 다르게 받아들여질 수 있어요. 부모가 우선 내 감정을 인정해 주고 메시지를 전달하면 아이가 더 생각해 볼 수 있지만, 일방적으로 내 감정을 무시하고 강압적으로 메시지를 전달하면 반항심만 더 커질 수 있거든요.

말대답을 하는 아이들 중에는 계속해서 부모의 말에 꼬리에 꼬리를 물어 질문하고 대화의 주도권을 가지려는 아이들도 있어요. "왜 때리면 안 되는데요?", "이렇게 때리는 건 되는 거예요?" 등으로 질문하면서 부모의 평정심을 흔들 수 있지요. 그럴 때는 침착한 태도를 유지하면서 짧고 명확한 지시를 내리고 더 이상의 대화를 하지 않는 것이 오히려 도움이 될 수 있어요. 타임아웃을 적용할 수도 있고요. "아윤아, 친구랑 놀이하는 상황에서 때리는 행동은 하면 안 되는 거야. 계속 질문하는 것에는 대답하지 않을 거야. 너 스스로 생각해 보는 시간을 가져 봐." 하면서 훈육 상황에서의 주도권을 아이에게 뺏기지 않도록 하세요.

엄마 아빠, 이런 말은 안 돼요!

- 어른한테 말대답하지 말고 일단 '예.' 하는 거야. (강압)
- 버르장머리 없이 아빠가 이야기하는데 어디 말대답이야! (비난)
- 쉿! 입 다물어. (강압)

10

형제자매를 때리거나 놀리는 아이

1단계	마음 읽기	형이 놀려서 기분 나빴구나.
2단계	행동 제한하기	그런데 때리는 건 안 돼.
3단계	대안 제시하기	그럴 땐 형한테 "놀리지 마!", "하지 마!" 하고 분명히 얘기하는 거야.

아이 둘 이상 키우는 집에서는 형제자매끼리 싸우는 모습을 자주 볼 수 있어요. 아이들은 왜 이렇게 자주 싸우는 걸까요? 형제자매는 한집에 살면서 부모의 사랑뿐만 아니라 집안의 모든 자원을 공유하며 성장해요. 이런 환경에서 서로의 욕구가 충돌하며 갈등이 일어나는 것은 자연스러운 일이지요. 아이들의 갈등 상황을 잘 활용하면 사회성을 훈련하는 데 매우 좋은 기회가 될 수 있어요.

아이들의 갈등 상황은 정말 다양하지만 아이 둘이 서로 놀리면서 싸우는 상황을 예로 들어 볼게요. 첫째가 둘째한테 "바보 멍청이!" 하고 놀리면 둘째가 "엄마! 형이 나 보고 바보래!" 하고 쪼르르 이르러 오거나, 이미 부모에게 오기도 전에 놀리는 말에 욱해서 첫째를 때리기도 합니다. 그럼 첫째가 또 "엄마! 쟤가 나 때렸어!" 하고 이르는 이런 상황이 벌어지지요. 아이들의 찌푸린 표정과 악쓰는 소리가 벌써 머릿속에 그려지실 겁니다.

이때 첫째가 둘째를 놀려서 둘째가 첫째를 때렸다면 때리는 행동에 대해서는 분명히 제한해야 해요. "형이 놀려서 기분 나빴던 거지. 그런데 때리는 건 안 돼. 그럴 땐 형한테 "놀리지 마! 하지 마!" 하고 분명히 얘기하는 거야." 하고 알려 주실 수 있어요. 부모와 함께 단호하게 말하는 연습을 하는 것도 좋습니다. 그리고 "그래도 형이 또 놀리면 때리지 말고 그때 엄마한테 얘기해." 라고 알려 줍니다. 처음부터 이르거나 때리지 않고 상대방이 놀리는 행동에 대응하는 방법을 알려 준 다음, 그래도 해결이 안 되면 어른에게 도움을 요청할 수 있다고 알려 주는 거예요.

만약 양육자가 알려 준 대로 아이가 놀림당했을 때 바로 엄마에게 이르거나 상대방을 때리지 않고 "하지 마!" 하고 분명히 말하는 것을 봤다면 그때를 놓치지 말고 "엄마가 가르쳐 준 거 잘 기억하고 얘기했네. 잘했어." 하고 칭찬해 주세요.

만약 동생이 싫다고 하는데도 계속 첫째가 동생을 놀린다면 어떻게 해야 할까요? 이때는 양육자가 첫째에게 "상대방이 싫다고 하는데 계속 놀리는 건 괴롭히는 거야. 그만해." 하고 단호하게 말해야 합니다.

아이들의 행동은 쉽게 바뀌지 않습니다. 많은 반복이 필요하지요. 둘째가 참지 못하고 첫째를 때렸다면 그때는 또다시 알려 주면 됩니다. 형제자매 갈등에서 중요한 것은 부모가 아이들 싸움의 재판관이 되어서는 안 된다는 점이에요. 아이들이 싸울 때마다 나타나서 '누가 더 잘못하고 잘했고'를 가린다면 아이들은 부모의 도움 없이 갈등을 해결하는 방법을 배울 수 없어요. 아이들 스스로 문제를 해결하는 경험이 중요한데, 그렇다고 아이들에게 "너희들이 알아서 해." 하고 내버려두면 해결책을 찾는 것이 어려울 수 있어요. 그래서 부모가 개입해서 적절히 중재하는 것이 필요하지요.

만약 아이들 사이에 의견이 충돌해서 갈등이 일어났다면, 부모는 아이들 각자의 입장을 듣고 서로의 의견을 조율할 수 있도록 도울 수 있어요.

11
미디어 사용 조절이 어려운 아이

1단계	마음 읽기	좋아하는 영상 더 보고 싶구나. 또 보고 싶구나.
2단계	행동 제한하기	약속한 시간이 다 됐어.
3단계	대안 제시하기	밥 빨리 다 먹었으면 다른 놀이 더 하자! 유치원에 일찍 갈 수 있겠다.

요즘에는 디지털 기기로 영상을 보거나 게임을 하는 유아들이 많습니다. 초등학생 이상의 자녀를 둔 집은 집마다 디지털 기기 사용 시간과 용도를 통제하기 위한 부모들의 고민이 깊지요. 유아를 키우는 부모는 아직 고민이 깊은 시기는 아닙니다. 그런데 벌써부터 디지털 기기 사용 시간이 조절되지 않는다면 제대로 된 고민과 훈육이 필요해요.

미디어 사용 조절이 어려운 아이들의 훈육 방침은 이전 시기와 비교해서 크게 다르지 않아요. 미디어 사용 시간에 대해 가정에서 정해진 규칙이 있는지 먼저 살펴보세요. 사실 이 부분이 가장 중요합니다. 혹시 엄마 아빠가 매일 식사 시간에 스마트폰만 보고 있지 않은지, 퇴근하고 집에 와서 스마트폰으로 게임만 하고, 아이가 "같이 놀자."고 하면 귀찮은 표정으로 밀쳐 내지는 않았는지, 부모가 아이 앞에서 미디어 사용에 관해 나쁜 모델링을 보이지는 않았는지 점검해야 합니다. 아이가 평소에 부모와 즐거운 대화를 나누고, 신나게 보드게임을 하는 등 가족과 함께 보내는 좋은 시간을 알고 있다면 영상이나 게임에만 몰두하지 않아요.

미디어 사용에 대한 규칙은 보통 이런 것이 있어요. 평일에는 하원 후 30분, 아침에 등원 준비를 하면서 10분, 평일에는 미디어 사용 금지, 주말에는 1시간까지 허용 등 미디어 사용 시간과 내용에 관한 구체적인 규칙은 집마다 다릅니다. 하지만 중요한 것은 그 집의 상황에 맞는 미디어 규칙이 있어야 하고, 부모와 아이 사이에 이 규칙을 지켜야 한다는 분위기가 조성돼야 하는 것이지요.

이러한 미디어 사용 규칙과 분위기가 어느 정도 형성돼 있어도 아이들은 늘 변하고 성장하고 있기 때문에 문제없이 잘 지내다가도 어려움에 봉착할 수 있어요. 아이들의 인지가 발달함에 따라 나름의 꾀를 내어 미디어 사용 시간을 늘리려고 할 수도 있지요.

예를 들어, 아이가 사랑스러운 표정으로 "엄마, 나 오늘 혼자 책도 많이 읽고 할 일 다 했으니까 영상 조금만 더 보면 안 될까요?" 할 수도 있고, "아빠, 나 밥 빨리 먹을 테니까 영상 하나 더 보여 줘요." 하면서 미디어 사용에 조건을 걸기도 하지요.

대부분 아이가 사랑스러운 표정을 지으며 다정한 목소리로 이런 부탁을 하면 부모 마음이 흔들립니다. 이럴 때 부모의 첫 반응이 매우 중요해요. 이럴 때는 "아육이가 할 일을 한 것은 정말 잘한 거야. 그런데 영상 규칙은 지켜야 하는 거야."라고 '담담한 어조'로 말하는 것이 좋아요. 목소리 톤이 높으면 아이들은 자신을 꾸짖는 거라고 생각하고 갑자기 위축되거나 반항적인 마음이 들 수도 있거든요. 불필요한 감정의 소용돌이를 만들 필요는 없겠지요.

반대로 아이를 달래듯이 우쭈쭈 하면 안 돼요. "아이고, 우리 아육이 엄마 도움 없이 밥도 이렇게 스스로 잘 먹었어! 그런데 어찌시 오늘 볼 영상은 아까 다 봤는데."라고 말하면 아이들은 대부분 조르기의 강도가 더 세집니다.

즉 담담하고 단호한 어조로 미디어 사용 규칙에 예외를 두지 말아야 해요. 이것이 일관적으로 행해지면 아이도 '우리 엄마 아빠는 규칙을 지키는 사람이니까.' 하고 그 규칙과 문화에 적응하고 다른 놀거리를 찾거나 미디어 사용 시간이 다시 올 때까지 기다립니다. 이런 것이 모두 자기 조절을 연습하는 것이고, 쉽게 얻어지는 능력은 아니에요.

부모가 주의해야 하는 상황 중에는 다음과 같은 때도 있습니다. 아이가 먼저 요청한 것도 아닌데 부모가 다급한 마음에 식당에서 먼저 스마트폰을 꺼내 "오늘만 영상 보면서 밥 먹자." 하거나 "엄마 말 듣고 얌전히 기다리면 집에 가서 영상 더 많이 보여 줄게." 하면서 일상 루틴을 무너뜨릴 때가 있지요.

물론 부득이한 상황이 있을 수 있고, 규칙에도 예외가 있을 수 있어요. 전반적으로 루틴이 잘 형성돼 있고 아이도 미디어 사용 규칙을 내면화하고 있다면, 어떤 특별한 이유로 영상을 평소보다 더 본다고 해도 한 번의 경험으로 일상이 무너지지는 않을 거예요. 그러나 이러한 예외적 상황을 경험한 아이가 이후에 이를 악용하거나 루틴이 어긋난다면, 그때는 부모가 신경 써서 다시 루틴을 바로잡아야 할 때임을 기억하세요.

12

등원 과정이 힘든 아이

아이와 아침마다 등원 전쟁을 치르느라 진이 빠진다는 부모가 많습니다. 아침에는 등원 시간의 제한이 있기 때문에 부모의 마음이 조급하고, 아이와의 갈등 상황에서 감정적으로 폭발하기 쉽거든요. 아이가 알아서 척척 자기 일을 해내고 등원 준비를 하면 얼마나 좋을까요? 하지만 아직은 하나하나 부모가 가르쳐 주고 훈련해야 하는 시기입니다.

등원 시간을 평화롭게 보내려면 시간적인 여유가 가장 필요한데요. 그러려면 일찍 일어나서 아이와 여유 있게 준비해야 하겠지요. 아이가 일찍 일어나려면 결국 전날 저녁의 루틴과 수면 시간이 중요해요. 늦게 잠들면 그만큼 기상 시간이 늦어지고, 등원 시간에 쫓겨서 준비하다가 폭발하는 상황이 생기니까요.

아이들마다 적정 수면 시간은 다를 수 있어요. 어떤 아이는 잠이 없어서 9시간만 자도 쌩쌩하고, 어떤 아이는 잠이 많아서 12시간을 자도 피곤해할 수도 있지요. 우리 아이의 수면 패턴을 파악해서 충분히 아이의 피로가 풀리고 컨디션이 좋을 만큼 잠자고 일어날 수 있도록 수면 시간을 확보해야 합니다. 그리고 등원 시간보다 한 시간 정도 일찍 일어나서 여유 있게 준비하는 게 부모의 정신 건강을 지킬 수 있는 방법이지요. 그래야 환경적으로 갈등이 일어나도 처리할 수 있는 시간적 여유를 확보할 수 있어요.

시간적인 여유가 있더라도 아이와 등원 준비를 하면서 겪을 수 있는 갈등 상황은 다양하지요. 아이들은 자율성이 자라나면서 스스로 하고 싶어 하는 일이 많아지므로 아침에 옷을 갈아입는 소소한 상황에서도 갈등이 일어날 수 있어요. 입고 싶은 옷을 고르는 데 너무 시간이 오래 걸리거나 부모가 고른 옷이 마음에 안 든다고 투정을 부릴 수도 있지요.

만약 옷 입는 과정에서 갈등이 자주 발생한다면 전날 입을 옷을 미리 골라서 세팅해 두는 것을 추천합니다. 아이가 본인이 원하는 옷을 고를 수 있고, 부모도 아침의 스트레스 상황을 미리 예방할 수 있지요. 아이 스스로 하고 싶어 하는 일은 많은데, 아직은 미숙하고 실수도 할 수 있거든요. 세수하고 양치하는 과정에서 여기저기 물이 다 튀고 입은 옷이 다 젖기도 해요. 하지만 실수를 계속 반복하고 경험하면서 연습하는 과정을 통해 아이들은 조금씩 기술을 습득하고 능숙해질 수 있어요. 젖어도 되는 옷을 입고 양치와 세수를 하게 해 주면서 아이들이 스스로 연습할 기회를 줄 수 있는 여유를 가져 보시길 바랍니다.

등원 시간에 해야 하는 일의 순서를 아이와 함께 적어서 눈에 잘 띄는 곳에 붙여 두는 것도 등원 시간 갈등을 줄이는 데 도움이 될 수 있어요. 예를 들어, 아침에 일어나자마자 해야 하는 일의 순서가 아침밥 먹기, 세수하고 양치하기, 옷 갈아입기, 가방에 물통 챙기기라면 이것을 글로 적거나 그림으로 그려서 붙여 놓는 거예요. 아침밥을 다 먹고 멍하게 아이가 있다면 "우리 다음에 뭐 해야 하지?" 하고 물어보고 아이가 세수하고 양치하도록 안내하는 거예요. 일정한 순서를 계속해서 반복하면 아이도 더 편안하게 등원 준비를 할 수 있지요.

등원 준비할 때 시간이 너무 오래 걸리는 아이가 있다면 타이머를 사용하는 것도 도움이 돼요. 시간이 줄어드는 것이 시각적으로 명확하게 보이는 타이머를 사용해서 "우리 아침은 이 시계에 빨간색이 다 줄어들 때까지 20분 동안 먹을 거야. 시간이 끝나면 아침 식사는 마치는 거야."라고 알려 주고, 시간이 끝나면 식사도 끝내는 거예요. 이렇게 하면 "빨리 먹어. 시간 없어!" 하면서 아이에게 계속해서 재촉하고 화내는 행동을 줄일 수 있답니다.